HARRY GATTERER

ICH MACH MIR DIE WELT

WIE WIR
MEHR LEBEN
IN UNSERE
ZUKUNFT
BRINGEN

MOLDEN

Für Felix und Fabian

INHALT

So

BRINGEN

WIR

MEHR

ZUKUNFT

IN

UNSER

LEBEN

0/ 1/ 2/ 3/ 4/ 5/

STERNSTUNDE
MEINER ZUKUNFT.
2039

Meine Nasenspitze drückt sich an das kalte Fenster. Ich kann es kaum fassen. Mein Blick ist auf das Großartigste gerichtet, das ich je gesehen habe: unseren Planeten Erde. Ich bin überwältigt. Gänsehaut. Mein Atem ist intensiv, mein Puls rast. Und doch erfasst mich eine Ruhe. Nur selten zuvor in meinem Leben habe ich diese Intensität erlebt. Am Traualtar, bei der Geburt unserer Söhne. Und jetzt hier. In der Raumstation GeniusX. 470 Kilometer von der Oberfläche der Erde entfernt.

Der Anblick unseres blauen Planeten ist dermaßen ergreifend, dass niemand um mich herum auch nur ein Wort von sich geben könnte. Wir alle spüren die Bedeutung, die dieser Moment für unser Leben hat. Glück. Freude. Hoffnung. Mitgefühl. Und: Trauer. Weil es immer noch Menschen gibt, die glauben, dieser Planet sei unverwüstlich.

Sofort wird mir klar: Niemandem will ich mehr zuhören, der nicht zumindest erahnt, dass wir Menschen eine große Verantwortung für diese robust zerbrechliche Kugel haben. Niemals mehr werde ich jemanden verstehen, der glaubt, Zäune wären eine Lösung für unsere Probleme. Es geht nicht. Hier oben gibt es daran keinen Zweifel. »Von hier oben ist klar, Europa gehört zusammen.« Das twitterte schon 2018 der Astronaut Alexander Gerst bei seinem Flug über Europa. Die Astronauten gaben diesem ganz besonderen Moment der Ergriffenheit den Namen Overview-Effekt. Keiner der bisher 1845 Menschen, die jemals in den Weltraum gereist sind, kann sich diesem Effekt entziehen. Die Distanz zur Normalität, der Abstand zum scheinbar sicheren Boden, die Isoliertheit der Raumstation mit ihren dünnen Wänden zum Nichts, und das Schwarz. Dieses unfassbar tiefe Schwarz, das unseren Planeten von hier oben umgibt. Das alles zusammen versetzt jeden, der diese Reise antritt, in einen Zustand großer Betroffenheit. Overview-Effekt. Aber was sind schon knapp zweitausend Menschen im Verhältnis zu den neun Milliarden auf dem Planeten, die dieses Erlebnis nicht haben. Was sind ein paar Dutzend Menschen, die bereits den Mars betreten haben, verglichen mit dem Alltag, den wir auf der Erde durchleben. Dennoch: Für mich ist dieser Moment eine wahre Sternstunde. Heute, hier und jetzt ändert sich mein Leben. Meine Sicht auf die Welt hat sich im wahrsten Sinne erweitert. Ich sehe nun vieles mit anderen Augen. Auch meine Zukunft.

Mir wird zum Beispiel klar: Keine Entscheidung von globaler Tragweite dürfte jemals mehr auf dem Planeten getroffen werden. Kein G7, kein G38-Gipfel oder auch kein Summit of Mayors darf mehr auf der Erde stattfinden. Die Nähe in einer solchen Konferenz führt allzu schnell zu Trennung, ideologischen Kämpfen und Egoismen. Hier oben erkennt man die Einheit. Von hier oben hätte man viel besser über Handelskriege, Brexit oder den Klimawandel verhandeln können. Die Führer der mächtigsten Nationen und Städte müssen in Raumfahrzeuge steigen und im Orbit tagen. Das Ergebnis von Verhandlungen wäre ein drastisch anderes. Da bin ich mir ganz sicher.

Umso mehr wünschte ich mir, ich könnte dieses Gefühl des Overview-Effekts mit allen Menschen teilen. Und ich werde es teilen – auf allen mir zugänglichen Kanälen. Trotzdem weiß ich: Wie auch immer Menschen meine Eindrücke aufnehmen, sie können nur erahnen, was ich beim Anblick unseres Planeten fühle. Daher bin ich froh, dass sich mehr und mehr Weltraumprogramme etablieren. Viele Tausende Weltraumreisende werden die Gelegenheit haben, diese herausragende Erfahrung machen zu können. Und zwar nicht nur virtuell, sondern wirklich. Das ist ein gigantischer Unterschied. Wie oft war ich selbst schon im Simulator, wie oft hab ich von diesem Over view-Effekt gelesen, mir Geschichten von Astronauten angehört. Doch dieser Moment: 470 Kilometer von der Erdoberfläche entfernt. Einzigartig. Wie das Leben selbst.

Solche Momente prägen uns. Sie erzeugen einen neuen Blick auf unsere Welt und eine erweiterte Zukunft breitet sich aus. Jeder Mensch kennt diese Momente. Wo und wann haben Sie zum Beispiel ihren Lebenspartner getroffen? Wie kamen Sie auf den Geistesblitz, der sie beruflich weiter gebracht hat, als Sie je dachten? Was war das für eine Begegnung, die Ihnen geholfen hat, eine tiefe Krise zu überwinden? Wann haben Sie für sich verstanden, dass Sie ab sofort aufhören zu rauchen? Sternstunden der eigenen Zukunft. Es sind emotionale Momente, in denen uns neue Wegweiser und Ressourcen zur Verfügung stehen. Klarheit kommt auf. Wenn wir diese Momente erkennen und richtig deuten, sind es echte Wendepunkte. Die Reise beginnt aufs Neue. Unser Leben bekommt

Schwung und die Gegenwart öffnet sich für neue Facetten der eigenen Zukunft. Manchmal im Großen, manchmal im Kleinen. Aber immer von Bedeutung.

HIER UND JETZT, ES GEHT LOS!

Zurück im Hier und Jetzt soll es nun genau darum gehen. Wie bekommen wir Schwung in unsere Zukunft? Wie erkennen wir die Sternstunden der eigenen Zukunft? Was liegt vor uns? Welche Hoffnungen dürfen wir haben, welche Ängste sind berechtigt? Viele Fragen. Wir werden diese Fragen schrittweise und zum Teil detailliert erörtern und überraschende Antworten entdecken. Und wir werden neue Fragen stellen. Denn Fragen öffnen unser Denken und unser Fühlen. Fragen – nicht Antworten – sind die Eintrittskarten in die eigene Zukunft. In Anbetracht einer Zeit voller guter wie auch schlechter Optionen und Möglichkeiten benötigen wir neue Qualitäten im Umgang mit unserer eigenen Zukunft. In den letzten zwanzig Jahren habe ich mich umfassend und ausgiebig mit diesem Möglichkeitsraum beschäftigt. Die Zukunft wurde mein persönliches Faszinosum, mein Spezialgebiet und meine Leidenschaft. Aber anders, als man sich das vielleicht erwarten würde.

0/ 1/ 2/ 3/ 4/ 5/

NEUGIERDE:
FASZINATION ZUKUNFT

Als Kind saß ich häufig auf dem elterlichen Balkon. Ich beobachtete die Umgebung und fragte mich irgendwann: Was wäre, wenn das, was unser Haus umgibt, nicht mehr da wäre? Der Baum vor dem Haus, der Zaun. Das Nachbarhaus. Mit ein bisschen Übung gelang es mir, das Haus auszublenden, mit etwas mehr Anstrengung konnte ich mir den gesamten Ort mitsamt der Kirche, den Straßen und Wäldern als einfach nicht da vorstellen. Der Gebirgszug, auf den ich blickte – das Tiroler Kaisergebirge –, war allerdings schwer wegzubekommen. Aber auch das gelang mir irgendwann. Ich machte Fortschritte, bis ich sogar die Erde wegradieren konnte.

Meine Grenze waren die Sterne. Was wäre, wenn es auch die nicht mehr gäbe? Aber dann wäre ja nichts mehr da! Und was wäre dieses Nichts? Ich fand keine Lösung. Daraufhin habe ich mit diesem Spiel aufgehört. Was mir hingegen geblieben ist, ist dieses Gefühl von Leere. Was ist dieses Nichts? Das hat mich fasziniert. Kindlich naiv, jugendlich aktiv. Bis heute.

Dieses Nichts, das ich als Kind entdeckte, nenne ich Neugierde. Die unbändige Lust, den Dingen auf den Grund zu gehen. Die Versuchung, herauszufinden, was wäre, wenn. Ohne es zu wissen, habe ich dabei eine Technik der Zukunft erlernt: Denken in Möglichkeitsräumen. Man sagt auch Szenario-Technik dazu. Wenn ich das nur schon früher gewusst hätte! Stattdessen habe ich meine Neugier-Schübe immer auf die gleiche Weise ausprobiert. Da war zum Beispiel der Impuls zu erkunden, wie es wäre, wenn ich in Tirol Techno-Raves veranstalte! Als 18-Jähriger habe ich mit Freunden einen Verein gegründet, um genau das in meiner Freizeit zu machen – obwohl das damals völlig unvorstellbar war. Oder was wäre, wenn ich mit zwanzig ein Unternehmen gründe, obwohl ich dafür überhaupt keine Vorbilder hatte. Auch das habe ich gemacht. Oder was wäre, wenn man Virtual Reality nutzt, um Möbelplanungen zu machen; in einer Zeit, in der etablierte Möbelhändler mit dem Aufkommen von Ikea kämpften. Wieder etwas, das ich gemacht habe. Stets blieb ich neugierig und in Probierlaune.

Ganz offensichtlich war ich kein theoretischer Denker, eher ein Unternehmer. Gleichwohl habe ich früh verstanden, dass Theorie die Basis jeglicher Ideen sein sollte. Mit zwanzig habe ich mich nicht nur selbstständig gemacht, es war auch der Start in mein Leben mit den Büchern. Ich wollte auch auf Wissen bauen, das andere Menschen entwickelt und erforscht haben. Kein Tag vergeht seither, an dem ich nicht ein Buch in der Hand habe. Doch auch das Lesen war mir nicht genug. Buchinhalte sind das eine, der Mensch hinter den Zeilen noch mal etwas ganz anderes. Wie meine ich das? Wenn jemand ein Buch schreibt, reiht er Buchstaben aneinander. Als Leser interpretieren wir diese. Sie machen das übrigens auch gerade. Wenn man mit Autoren Gespräche führt, offenbaren sich Facetten, die nicht in Buchstaben passen. Hintergründe, biografische Begebenheiten, Emotionen. Betonungen, Motive und ungeklärte Assoziationen. Ich wollte die Menschen hinter den interessantesten Schriften kennenlernen. Dafür rief ich sie einfach an oder besuchte Veranstaltungen. Es ging mir um den persönlichen Kontakt. Dabei habe ich unterschiedlichste Erfahrungen gemacht. Es gibt Menschen, die schreiben Bücher, und wenn man sie trifft, kommt man drauf: Das Buch ist eigentlich schon das Interessanteste. Und es gibt Autoren, deren inspirierende Kraft und Vielfalt explodiert förmlich durch die Begegnung noch einmal neu.

Auf diese Weise hatte ich inspirierende Begegnungen mit vielen interessanten Menschen. Mit einigen haben sich langjährige Freundschaften ergeben. Diese Gewohnheit halte ich seither aufrecht. Wie auch die Neugierde, die mich überhaupt antreibt. Dadurch habe ich viel gelernt: Was kann man eigentlich wissen, was ist Leben, was ist Wirklichkeit, wie geht man an komplexe Sachverhalte ran, wie sind Zusammenhänge zu begreifen? Ich bin immer wieder dankbar für die Lernchancen, die mir mein Leben bietet.

VON DEN BESTEN LERNT MAN AM BESTEN

Natürlich nimmt meine Neugierde viel Zeit in Anspruch. Manchmal vielleicht zu viel. Weshalb ich eine zweite Leitidee in meinem Leben eingeführt habe: die Leidenschaft für herausragende Qualität. Ich kann nicht jeden Autor anrufen, nur weil ich das Buch gut finde, auch kann ich nicht jeder Intuition folgen, obwohl es mich reizen würde. So habe ich mit der Zeit herausragende Qualität zu meinem Maßstab gemacht.

Nach Qualität zu suchen, ist für mich inzwischen essenziell. Es macht den Unterschied und die Freude am Leben aus. Jeder von uns kennt das. Es gibt Bereiche, in denen man nicht auf Qualität verzichten möchte. Ob beim Espresso am Morgen, beim Besuch von Konzerten und Ausstellungen oder bei der Wahl der Seife.

Wo Qualität einen hohen Stellenwert hat, begegnet man immer interessanten Menschen. Beim Winzer, im Technologielabor, im Hotel oder auf einem Filmset. Qualität zieht Menschen an, die sich auf etwas einlassen wollen. Das setzt Intensität und Freude voraus. Ich mag das. Außerdem lernt man enorm viel und schnell. Für mich war das tatsächlich ein Gewinn an Zeit. Ich habe verstanden, dass ich von den Besten am besten lerne. Ich suchte die Nähe immer unter dem Aspekt des offenen Lernens und Austauschs. Nach und nach wurde dabei mein Interesse auf einen Begriff gelenkt, nämlich: Zukunft. In diesem Wort fand ich so vieles wieder, was mich antreibt: Neugierde, die Qualität des Lernen-Wollens und die herausragenden Menschen, die sich damit beschäftigen.

Zukunft ist offen und unsicher. Zukunft ist überraschend und voller Möglichkeiten, daher ein idealer Nährboden für jemanden, der sich per se dafür interessiert, wie sich die Dinge entwickeln, und es liebt, Fragen zu stellen. Fragen öffnen die Türen in die Zukunft, sie leiten uns, fokussieren unsere Aufmerksamkeit. Und sie regen zum Denken an, wohingegen Antworten unseren Denkprozess zunächst einmal beenden.

VON DER ZUKUNFT ZUR ZUKUNFTSFORSCHUNG

Von wem kann ich nun lernen, wie die Zukunft funktioniert? Unweigerlich landete ich bei einer Institution, die sich »der einflussreichste Think Tank der Zukunftsforschung« nannte: das Zukunftsinstitut. Das hat, Sie können es erahnen, mein Interesse geweckt. Ich wollte wissen: Wer ist das, was tun die und wie tun die das? Bald lernte ich den Gründer kennen:

Matthias Horx. Er hat im Jahr 1998 das Institut in der Nähe von Frankfurt am Main gegründet. Mit einem kleinen Team an Weggefährten baute er es die folgenden Jahre auf. Ziel: Den gesellschaftlichen Wandel beobachten und die Erkenntnisse den Unternehmen in Deutschland vermitteln. Recht schnell hat sich um die Jahrtausendwende diese Idee verbreitet. Angefeuert um die Aufregung des Jahres 2000 und dem damit aufkommenden Internet-Hype hat sich das Zukunftsinstitut im deutschsprachigen Raum schnell etabliert. Mit eigenen Trendstudien und Vorträgen erreichte man die Aufmerksamkeit von vielen Menschen in der Wirtschaft. Diese waren damals zukunftsfroh: Man hatte Hoffnungen und Ideen für die Zukunft, die neuen Technologien versprachen viel. Trend- und Zukunftsforscher waren geeignete Projektionsflächen, um sich an dem Neuen der Zukunft zu reiben. Und damit stimmte diese selbst gewählte Aussage: Das Zukunftsinstitut war recht schnell eine sehr einflussreiche Institution. Ein Denkraum für Vordenker. Die Geburtsstunde lag in einer Zeit, in der Aufbruchsstimmung herrschte. Der Wind wehte in Richtung Zukunft. Dies ebnete den Weg für eine qualitative Auseinandersetzung mit der Zukunft. Seit mehr als zehn Jahren bin ich nun Teil dieses Instituts.

Seit 2013 in der Verantwortung als Geschäftsführer. Mit einem herausragenden Team darf ich jeden Tag meiner Neugierde folgen und an der Zukunft forschen. Die Voraussetzungen haben sich geändert. Heute ist Zukunft kein Hoffnungsraum mehr. Zukunft ist im Alltag angekommen. Auch in Ihrem.

ZUKUNFT IST HEUTE ÜBERALL, AUCH IN IHREM LEBEN

Heute ist die Zukunft omnipräsent. Sogar überpräsent. Zukunft ist still und leise zum Alltag geworden. Denken Sie beispielsweise an den Wetterbericht. Mittels Vorhersagen zum Wetter wollen wir uns auf die kommenden Tage einstellen. Was kann man unternehmen und wie sollte man sich kleiden? Wir versuchen der Zukunft die Unsicherheit zu nehmen, indem wir Prognosen folgen. Wird es regnen heute oder nicht? Häufig liegen diese Prognosen daneben. Aber das ist das Wesen von Prognosen. Sie haben nicht die Aufgabe, uns die Zukunft wirklich vorwegzunehmen. Sie sollen uns einen Rahmen geben, innerhalb dessen wir uns eine Zukunft vorstellen können. Man könnte sagen: Prognosen designen unsere Vorstellung von einer Zeit, die noch nicht da ist – eben wie beim Wetter. Prognosen sind Orientierungssysteme. Sie zeichnen ein Lagebild. Damit lernen wir einzuschätzen, was kommen könnte.

Derartige Prognosesysteme gibt es viele. Ein weiteres Beispiel: Versicherungen. Überlegen Sie einmal kurz, wie viele Versicherungen Sie in Ihrem Leben schon abgeschlossen haben. Jede Versicherung ist eine Prognose. Versicherungen versuchen ein Risiko zu nehmen, das potenziell – aber sehr unwahrscheinlich – auf Sie zutreffen könnte. In der Zukunft natürlich. Dabei stellt sich die Prognose in den allermeisten Fällen als falsch heraus. Zum Glück. Viele von uns brauchen die Versicherungen, die wir abgeschlossen haben, niemals. Aber dennoch gehen wir prognostisch von möglichen Bedrohungen unseres Lebens oder unseres Eigentums aus. Wir schließen Wetten auf diese Zukunft. Wenn ein Schaden eintritt, haben wir die Wette gewonnen. Dann sind wir das sprichwörtliche Glück im Unglück. Tritt der Schaden nicht ein, hat die Versicherung die Wette gewonnen. Und wir sind dennoch froh, immerhin ging dieser Kelch an uns vorüber.

Bei den Modellen der Berechnung dieser möglichen Schäden tätigen Versicherungen allerdings keine Vorhersagen. Im Gegenteil. Versicherungen wenden für ihre Modelle Daten aus der Vergangenheit an. Dabei wird errechnet, wie oft ein gewisser Schaden bisher aufgetreten ist. Es wird statistisch erhoben, wie hoch das Risiko ist, dass solche Schäden auftreten. Mit anderen Worten: Versicherungen, die zukünftige Risiken abdecken, spielen mit Zukunftserwartungen. Die Modelle, die dafür angewandt werden, sind vergangenheitsbezogen.

WAHLUMFRAGEN UND WACHSTUMSRATEN: ALLES PROGNOSEN

Haben Sie heute schon Zeitung gelesen? Gab es was zu aktuellen Wahlen? Gibt es neue Wachstumsraten des Bruttoinlandsproduktes

(BIP)? Alles Zukunftserwartungen. Wie werden sich Handelsströme entwickeln? Erwartete Absätze von Elektroautos des VW-Konzerns? Wieder der Versuch, die Zukunft vorwegzunehmen. Alles Prognosen, Kalkulationen des Wahrscheinlichen.

Nutzen Sie öfter eine Karten-App auf Ihrem Smartphone: Sie geben ein Ziel ein, das Sie in einer gewissen Zeit erreichen wollen. Die App gibt ihnen Hinweise darauf, wie lange es dauern wird und welche Route die im Moment beste für Sie ist. Dabei unterscheidet sich die Art der Datenerhebung bei diversen Apps am Handy im Vergleich zu klassischen Navigationssystemen. Die Apps nutzen die Smartphones der Menschen, um zu erkennen, in welchen Straßen gerade wieviel Verkehr ist. Jedes Handy ist ein Datenpunkt, wohingegen die meisten Navigationssysteme auf die offiziellen Staumeldungen angewiesen sind. Diese sind zeitverzögert und ungenauer als die Datenpunkte, die von den Apps in Echtzeit genutzt werden. Was diese Systeme eint: Sie entwickeln Prognosen auf Basis von aktuellen und vergangenen Daten. So wird eine Wahrscheinlichkeit erstellt. Jeder Nutzer dieser Technologien weiß das. Wenn man sich auf den Weg macht, ändern sich die Daten. Die Verkehrslage wandelt sich. Nicht zuletzt wegen der Prognosen. Je mehr Menschen dieselben Datenlagen zur Grundlage ihrer Zukunftserwartung nutzen, desto mehr bewegen sie sich in eine Richtung. Je mehr Menschen erkennen, dass eine spezielle Straße frei ist, werden sie versuchen diese zu nutzen. Die Prognose hat also die Zukunft verändert – und: Die Prognose hat sich als falsch herausgestellt. In dem Moment, wo ich als Autofahrer in diese Straße einbiege, ist dort Stau. Weil andere genau dieselbe Straße wählten. Damit erkennen wir ein spannendes Phänomen: Je mehr wir Prognosen in unseren Alltag einbauen, desto sicherer können wir sein, dass die Prognosen falsch sein werden oder zumindest anders eintreten werden.

Je mehr Menschen der Prognose einer freien Straße folgen, desto voller wird die Straße sein. Somit ist der Inhalt der Prognose falsch. Ähnliches passiert beim Wetter. Wenn wir auch das Wetter nicht dadurch verändern, dass wir einen Regenschirm mitnehmen. Je mehr wir uns mit der Prognose des Wetters beschäftigen, desto mehr Prognoseanbieter kommen auf den

Markt. Je differenzierter der Markt, desto unterschiedlicher die Berechnungsmodelle. Es entsteht ein Kampf um das richtige Wetter. Wir alle kennen das aus unserem Alltag:

»Welche Wetter-App benutzt du?«
»Ah, das von … das kannst du vergessen. Ich habe hier ein viel Präziseres. Das kommt aus der Formel 1.«
»Aus der Formel 1? Meines kommt aus der Landwirtschaft. Die müssen das ganz genau wissen.«

WIR LEBEN IN EINER PROGNOSTISCH VERSEUCHTEN ZEIT

Am Ende stehen wir da und sind unsicher, welche Meinung über eine Wetter-App nun die richtigere ist. Welche Prognose ist die validere? Wir können sicher sein, dass wir uns nicht sicher sein können. Wir sind prognostisch verseucht, permanent von Prognosen umgeben und können die Zukunft gerade deswegen kaum noch deuten. Dabei ist es genau das, was uns alle Prognosetools so innig versprechen: Zukunft zu deuten, den besseren Weg für uns zu finden, die richtige Versicherung abzuschließen, das Wahlergebnis vorherzusagen – vielleicht den Partner fürs Leben zu entdecken. Alle diese Prognosen kämpfen um unsere Aufmerksamkeit für Zukunft. Ich kann verstehen, dass sich viele Menschen zurücksehnen in eine Zeit, in der das alles noch keine Rolle gespielt hat.

Bis vor Kurzem gab es keine Wetter-Apps und auch keine Maps auf dem Smartphone, die die beste Route von A nach B prognostizierten. Vor dem 19. Jahrhundert gab es keine Wachstumsraten, Wahlumfragen oder Prognosen für die Entwicklung des BIP. Bis zum 18. Jahrhundert war man im Großen und Ganzen davon ausgegangen, dass die Welt sich nach einer göttlichen Vorhersehung entwickle. Dass man sich als Individuum Gedanken über die Zukunft gemacht hat, war die Ausnahme. Dies war wenigen Vordenkern vorbehalten. Heute ist die Zukunft zu unserem

Alltag geworden. Wir alle brauchen einen kompetenten Umgang mit der Zukunft, sonst landen wir im Dickicht von Prognosen und sind überfordert mit deren Interpretation.

PROGNOSEN SIND NICHT DIE ZUKUNFT

Im Zukunftsinstitut ist es unsere Vision, die Zukunftskompetenz der Menschen in der Wirtschaft und in der Gesellschaft stärker zu machen. Wir wollen Menschen begeistern für ihre Zukunft und daher forschen wir für ihre Entwicklung. Dabei unterscheiden wir zwischen zwei Zugängen: Zukunft als Wahrscheinlichkeit und Zukunft als Möglichkeit. Mit Wahrscheinlichkeiten zu arbeiten ist ein statistisches Vorgehen. Man versucht zu verstehen, mit welcher prozentualen Wahrscheinlichkeit ein bestimmtes Ereignis eintreten könnte. Hier handelt es sich um Prognosen und damit um die Art von Zukunft, die uns allen im Alltag vermehrt unterkommt. Nimmt man sich Möglichkeiten vor, sucht man Potenziale und erzeugt Bilder (Ausblicke) und Szenarien. Der größte Unterschied zwischen den beiden Zugängen: Bei Wahrscheinlichkeit nutzt und interpretiert man Daten. Das Ergebnis sind Prognosen. Diese helfen uns zu verstehen, welche Entscheidungen im Moment anstehen. Wie beim Wetter: Nehme ich den Regenschirm oder die Sonnencreme. Möglichkeiten gehen von Potenzialen aus und helfen uns alternative Vorstellungen zu entwickeln. Sie regen unsere Fantasie an und sind gewissermaßen fiktiv, nicht statistisch. Das Ergebnis ist eine umfangreichere Vorstellung von Zukunft. Neue Richtungen können sich daraus ergeben.

Die Unterscheidung zwischen Wahrscheinlichkeit und Möglichkeit ist nicht trivial. Fangen wir mit den Wahrscheinlichkeiten an: Vorhin haben Sie von alltäglichen Prognosen gelesen: Von der Wetter-App bis hin zu Wahlprognosen. Diese Prognosen handeln von Wahrscheinlichkeiten und werden mit statistischen Werten ausgedrückt. Es gibt dann zum Beispiel eine 60 %ige Wahrscheinlichkeit auf Regen. Oder: Ihr Routenplaner sagt Ihnen, dass die eine Strecke um 5 Minuten schneller sein wird als eine andere. Beides sind errechnete Wahrscheinlichkeiten. Beide sagen nichts über die Zukunft aus. Wie meine ich das? Nehmen wir nur das Wetter. Wenn es eine 60 %ige Chance auf Regen gibt, was tun Sie dann? Nehmen Sie einen Schirm mit oder nicht? Die Prognose hilft Ihnen in dem Fall nicht, diese Entscheidung zu treffen. Das liegt ganz bei Ihnen. Vielleicht schauen Sie dann in den Himmel und denken sich »Na, lieber nehme ich mal einen Schirm mit.« Sollte es den ganzen Tag nicht regnen, hat Ihnen die Prognose nicht geholfen. Aber war sie falsch? Nein. Denn 60 % sind ja immerhin nicht 100 %. Die Prognose war nicht falsch: Sie setzt ein Thema auf den Plan. Nämlich, dass Sie überhaupt darüber nachdenken, einen Schirm mitzunehmen oder eben nicht. Prognosen können nicht die Zukunft vorhersagen: sie sensibilisieren dafür, welche Themen wir berücksichtigen müssen. Ähnliches gilt für die Route. Wenn auf einer Fahrtstrecke von einer Stunde ein Unterschied von 5 Minuten angezeigt wird, liegt es letztlich wieder bei Ihnen, sich zu entscheiden. Die Prognose sagt nur aus, dass es – momentan – fast keinen Unterschied macht. Wählen Sie dann eine Route aus und landen in einem Stau, hat Ihnen die Prognose wieder nicht geholfen. Aber: Zum Zeitpunkt der Erstellung war sie nicht falsch. Ein Unfall hat diesen Stau verursacht. Dieser war um diese Uhrzeit auf dieser Strecke äußerst unwahrscheinlich, daher konnte das Prognosetool nicht helfen.

Ähnliches passiert bei Versicherungen. Wenn wir eine Versicherung abschließen, wird das Risiko auf Basis von statistischen Rechenmodellen eingeschätzt. Die Prognosen können nur mit Daten agieren, die in der Vergangenheit beziehungsweise – mittels Einsatz von Big Data – in der Gegenwart einsichtig sind. Das bedeutet, wir haben es mit Wahrscheinlichkeiten im statistischen Sinne zu tun. Ob das Risiko, das wir versichern, für uns wirklich schlagend wird, kann niemand wissen. Es ist ausschließlich ein statistisches Modell. Aber: Ist die Prognose, dass eine spezifische Versicherung Sinn macht, daher falsch? Nein. Auf Basis unseres aktuellen Wissens und den uns zur Verfügung stehenden Modellen ist sie richtig. Die Qualität einer Prognose liegt nicht darin, dass sie sich bewahrheitet. Sie soll uns helfen, im gegenwärtigen Zeitpunkt ein Bild der Lage vom Heute und einem möglichen Morgen zu geben. Noch mal der Regenschirm: Das Einzige, was eine Prognose hier kann, ist, uns darauf zu sensibilisieren, dass es Sinn macht, über den Regenschirm grundsätzlich nachzudenken.

Gute Prognosen helfen zu verstehen, was wir überhaupt entscheiden sollten. Im Alltag ist das den meisten Menschen nicht klar. Auch vielen Profis nicht. Sehr häufig verlassen sich heute Manager auf Prognosemodelle und Wahrscheinlichkeitsrechnungen. Sogar immer mehr: Denn das Versprechen von technischen Prognosetools klingt großartig. Ganz automatisch und ohne Zutun sollen aus großen Datenmengen wahrscheinliche Entwicklungen sichtbar werden. Aber nimmt uns das Entscheidungen ab? Unsere Welt ist komplex. Es ist schwierig, Entscheidungen zu treffen. Da ist es nur verständlich, dass man gerne Systeme hätte, die uns die Entscheidung abnehmen. »Das hat ja der Computer errechnet, also machen wir das.« Aber so funktioniert die Welt leider nicht. Wenn es darum geht, dass Sie Ihre eigene Zukunftskompetenz erhöhen, dann ist diese Erkenntnis wesentlich: Prognosen helfen nicht, Entscheidungen zu treffen. Sie helfen nur zu verstehen, was überhaupt entschieden werden sollte.

DIE POPULÄRSTE PROGNOSE UNSERER ZEIT

Die populärste Prognose unserer Zeit ist die der Erderwärmung. Wiederum werden auf Basis von statistischen Daten und komplexen Modellen Wahrscheinlichkeiten errechnet. Die Erderwärmung wird, so die Prognosen, in einem Korridor von plus 2 Grad bis plus 5 Grad im Jahr 2100 zu messen sein. In einem Bericht der Vereinten Nationen (IPCC-Sachstandsbericht) wird davon ausgegangen, dass die angestoßene Erderwärmung für über Tausend Jahre irreversibel bleiben wird. Eine 2019 erschienene Studie des Crowther Lab der ETH in Zürich zeigt die Veränderungen für 520 Metropolen der Welt im Jahr 2050. Wien soll dann ein Klima wie Skopje haben, Hamburg wie San Marino und New York wie Virginia Beach.

All diese Aussagen sind Prognosen. Keine davon kennt die Zukunft wirklich. Dass all diese Aussagen nach heutigem Stand valide sind, steht außer Zweifel. Laut einer Untersuchung von John Cook et al. gibt es mehrere Hunderttausend Studien zum Klimawandel, das Team untersuchte knapp 11.000 davon, wovon wiederum 97 % den wissenschaftlichen Konsens der Erderwärmung stützen. Die Entwicklung der Erderwärmung ist eine Prognose, die einen wuchtigen Unterbau hat. Wir alle erahnen sehr besorgt die Auswirkungen. Und trotzdem: Das Jahr 2050 oder 2100 ist noch nicht da. Die Auswirkungen auf diese Jahre sind Wahrscheinlichkeitsrechnungen. Auch hier wird nicht die Zukunft vorweggenommen. Wiederum liefert uns eine Prognose auf den Tisch, welches Spektrum an Entscheidungen wir haben. Es liegt letztlich an uns selbst, aus diesen Prognosen Ableitungen zu treffen. Greta Thunberg hat eine Entscheidung getroffen. Sie kämpft für einen radikalen Wandel. Donald Trump hat sich ebenfalls entschieden: Er pfeift auf den Klimawandel. Am Ende ist es unsere Verantwortung im Leben, die Schlüsse selbst zu ziehen. Darauf kommt es an. Egal ob Sie Topmanager, Präsident oder Schülerin sind. Es geht schlicht um Ihr Leben.

WIE WAHRSCHEINLICH IST WAHRSCHEINLICHKEIT

Die Bloomberg-Journalistin K Oanh Ha wollte mittels eines Gentests herausfinden, welche Krankheiten sie in Zukunft erwarten kann. Dabei hat die in Hongkong lebende Ha ein Experiment gewagt: Sie ist nicht nur zu einem Genlabor gegangen, sondern gleich zu zwei. Eines davon ist das Unternehmen 23andMe. Ein amerikanisches Labor, gegründet von der Exfrau des Google-Gründers Sergey Brin. Das Unternehmen hat nach eigenen Angaben mittlerweile 10 Millionen Kunden und eine Sammlung von einer Milliarde genetischen Datenpunkten. Das andere Labor liegt in China, in Chengdu. Es heißt 23Mofang und ist ein Startup, das gerade versucht, den aufkommenden Gen-Boom in China für sich zu nutzen. Das chinesische Labor hat nach eigenen Angaben rund 700.000 Kunden.

Die Resultate der beiden Gentests haben Ha sehr überrascht: Die chinesischen Auswertungen waren wesentlich ambitionierter und umfangreicher. So hat dieser Test Angaben zu einer hohen Wahrscheinlichkeit von schlaffer Haut geliefert. Inklusive Hinweisen, welche Creme von Estée Lauder Ha zukünftig nutzen sollte. Wie auch einen Hinweisen, auf eine hohe Wahrscheinlichkeit, 95 Jahre alt zu werden. »Lächerlich«, sagt dazu Eric Topol, ein Genetiker am Scripps Research Translational Institute in La Jolla, Kalifornien, »es gibt keinen Weg, eine konkrete Jahreszahl zur Lebenserwartung zu bestimmen.« Dennoch wird es gemacht, zumindest im chinesischen Labor! Erneut mein Hinweis: Es ist eine Prognose, eine Wahrscheinlichkeit – ganz offensichtlich eine nicht besonders seriöse. Aber auch in der Wahrscheinlichkeit von Erkrankungen haben die beiden Tests überaus unterschiedliche Ergebnisse gebracht. Das amerikanische Labor hat eine überdurchschnittliche Neigung zu Depressionserkrankungen festgestellt, was dem chinesischen Labor nicht aufgefallen ist. Beide Labors haben eine überdurchschnittliche Wahrscheinlichkeit für Diabetes bei Ha festgestellt. Die Auswertung von 23andMe lag dabei auf 48 %, die des chinesischen Pendants 23Mofang sagt 26 %. Was sollen wir nun glauben? Welche Prognose stimmt, und hilft diese Prognose? Die Journalistin Ha hat von beiden Laboren einen Onlinezugang erhalten, in dem ihre Daten abgebildet werden. Verwundert stellte sie fest, dass sich diese Wahrscheinlichkeiten in Bezug auf Diabetes im Laufe von ein paar Wochen änderten – ohne dass Sie einen neuen Test gemacht hätte. Der Gründer des chinesischen Start-ups meinte dazu: »Es besteht die Möglichkeit, dass Sie später Resultate bekommen, die das Gegenteil von den heutigen Analysen ergeben.« Was nun? Wir machen einen Gentest, erhalten Aussagen über Wahrscheinlichkeiten und müssen damit rechnen, dass sich diese total verändern – obwohl sich unsere Gene nicht verändern! Wie kann das sein? Der Hintergrund sind die zur Verfügung stehenden Daten sowie die Rechenmodelle und Algorithmen. Im Laufe der Zeit ändern sich diese und damit ändern sich die möglichen Prognosen und Aussagen der Tests.

Wieder gilt in Sachen der eigenen Zukunftskompetenz: Jede Prognose ist nur eine Prognose. Sie ist so gut, wie die im Moment dafür herangezogenen Informationen und Modelle funktionieren. Prognosen sind immer gegenwarts- und vergangenheitsorientiert. Keine Prognose nimmt uns eine Entscheidung ab. Je besser die Prognose, desto mehr hilft sie uns, zu verstehen, welche Entscheidung wir überhaupt treffen können. Verwechseln wir Prognosen daher nicht mit Zukunft! Prognosen sind in Zukunft verpackte Vergangenheit.

HINTER DEN KULISSEN DER WAHRSCHEINLICHKEIT

Einen wichtigen Lerneffekt hatte dieses Gentest-Experiment zusätzlich für die Journalistin Ha. Bei den Tests wurden auch ihre ethnischen Grundlagen untersucht. Ha ist gebürtige Vietnamesin, deren Familienstamm bis nach China zurückreicht. Aufgewachsen ist sie in Amerika. Der amerikanische Test hat ihr diese Mischung bestätigt. Der chinesische nicht: Laut diesem ist sie zu 63 % Han-Chinesin, zu 22 % Dai-Chinesin und zu 3 % Uigurin. Die vietnamesischen Wurzeln wurden nicht erkannt. Das chinesische Labor gleicht seine Daten ausschließlich mit der chinesischen Bevölkerung ab. Uiguren sind ein unterdrücktes Volk in China, und die Frage, die sich Ha nun stellen muss: Wer wird jemals die Daten dieses DNA-Tests erhalten? Ist sie dadurch in China noch sicher?

Wenn wir uns auf Prognosen einlassen, ist es wichtig, so viel wie möglich über die Prognostiker und ihre Modelle zu erfahren. Denn der Hintergrund jeglicher Prognose vermittelt ein Weltbild. An den beiden Gentests können wir die Differenz zwischen chinesischem und amerikanischem Weltzugang erahnen. Aber selbst jede Wetter-App ist auf Basis von gewissen Weltbildern und Anschauungen gemacht. Daher lohnt es sich, immer hinter die Kulissen von jenen zu blicken, deren Prognosen wir verwenden. Wer sind diese Menschen, was machen sie, und wie hat dies wiederum Einfluss auf deren Prognosen? Die Systemtheoretikerin Elena Esposito fasst die Antwort darauf so zusammen: »Eine Vorhersage, die aus der Wahrscheinlichkeitsrechnung abgeleitet wird, ist also keine (mehr oder weniger gelungene) Vorherbestimmung der Zukunft, sondern ein permanenter Prozess auf der Grundlage provisorischer Prognosen, die kontinuierlich überprüft und angepasst werden müssen. Aber das lässt sich machen, und so wird es möglich, sich auf die Zukunft vorzubereiten, während man sie konstruiert.« Esposito forscht selbst in einem großen Projekt über die Zukunft der Prognostik. Deren alltäglicher Einsatz ändert, wer wir als Gesellschaft sind. Die Folgen daraus können wir noch nicht abschätzen. Daher meine Empfehlung: Seien Sie aufmerksam, wenn Sie das nächste Mal eine Prognose nutzen!

DIE ZUKUNFT IST EIN RAUM VOLLER MÖGLICHKEITEN

Wahrscheinlichkeiten sagen viel über Vergangenheit und Gegenwart aus. In der Wahrscheinlichkeit sehen wir, was wir heute an Daten und Modellen zur Verfügung haben. Die Zukunft wird dadurch nicht vorweggenommen. Diametral dazu arbeiten wir im Zukunftsinstitut mit dem Begriff der Möglichkeiten. Wahrscheinlichkeit liefert Prognosen, Möglichkeit nutzt Potenziale. Für mich persönlich war der Begriff der Möglichkeit immer faszinierend. Er beinhaltet gar nicht erst den Versuch, die Zukunft in statistischen Werten zu erfassen. Der Möglichkeitsraum ist erst mal unbegrenzt groß. Er wurzelt in Potenzialen. Wir können in der Gegenwart feststellen, welche Potenziale wir haben, und daraus Möglichkeitsräume konstruieren. Diese sind nicht in Zahlen und Daten zu fassen. Möglichkeiten sind diffuser und offener. Aber sie erzeugen einen Kontext, einen Denkraum, in dem sich Zukunft entfalten kann. Möglichkeitsräume lassen mehr Freiheiten und determinieren nicht unser Denken – wie Prognosen es tun. Sie öffnen es. Wenn wir uns mit Möglichkeiten beschäftigen, brauchen wir einen Blick für das pozentiell Mögliche.

Häufig treffen wir dies in der Kunst an. Jeder Film, den wir sehen, ist reine Fiktion. Geschichten sind immer erfunden. Selbst wenn diese auf wahren Begebenheiten beruhen, liegt es in der Hand von Drehbuchautoren und Regisseuren, eine Interpretation der Story zu finden. Filme sind Erfindungen und beschreiben Möglichkeiten. Insbesondere Filme, die in einer Zukunft spielen, wie Science-Fiction das zeigt. In Serien und Filmen von Star Trek beispielsweise werden Szenen gezeigt, die in einer fiktiven Zukunft spielen. Als Zuschauer staunen wir über die Kreativität und gleichen das Gesehene mit unseren Erfahrungen ab. Wir erweitern dadurch unseren Möglichkeitsraum. Werden wir in einer kommenden Zeitepoche in Raumschiffen per Lichtgeschwindigkeit durchs Weltall rasen? Jedenfalls können wir es für möglich halten. Jeder, der schon einmal Star Trek gesehen hat, weiß, wie das aussehen könnte. Die Fiktion eröffnet uns einen Blick für Zukünftiges. Sehr häufig höre ich auch, dass die Autoren von Star Trek ohnehin die Zukunft vorhergesehen hätten. Ihre Kommunikatoren erinnern uns an das, was wir heute Handy nennen. Auch so etwas wie iPads kamen schon vor. Nun ist also die Frage: Haben die Autoren die Zukunft vorhergesehen? Oder haben sie Fiktionen und damit den Möglichkeitsraum für Handys geschaffen?

Für mich liegt die Antwort zu dieser Frage genau in der Mitte. Wer sich mit Sience-Fiction beschäftigt, muss ein Gespür für das Mögliche entwickeln. In der Fantasie malt sich ein Autor eine Zukunft aus und dockt diese an die Lebensbedingungen der Menschen im Heute an. Menschen haben schon lange telefoniert und dafür immer Kabel gebraucht. In Star Trek konnten sie den Kommunikator ohne Kabel benutzen. Diese Möglichkeit war potenziell vorstellbar und die Produzenten haben es umgesetzt. So wie viele Dinge, die wir im Hier und Jetzt erleben, wurden schon in unterschiedlichen Formen fiktiver Zukunftsdarstellung gezeigt.

In der aktuellen Version der Serie, Star Trek Discovery, wird die gesamte Crew inklusive dem Raumschiff per »Spur Drive« in eine Parallelwelt befördert. Dort finden sie all die Menschen und Charakteren wieder, die sie auch in »ihrer« Welt kennen. Nur hier, in der parallelen Realität, werden die Rollen vertauscht, die Welt hat sich anders entwickelt. Die potenziell vorhandenen Möglichkeiten haben sich anders realisiert. Die Idee, die die Drehbuchautoren aufgreifen, stammt aus der Quantenphysik. Dort gibt es eine Viele-Welten-Interpretation. Also im Grunde genau diese von Star Trek umgesetzte Vorstellung, dass es parallel zu unserer Realität ein Vielfaches an existierenden Welten gibt.

Diese Theorie ist umstritten. Aber das sagt noch nichts aus, vor allem dann nicht, wenn man daraus Fiktionen baut, wie das ein SciFi-Drehbuchautor tut. In dem Fall können wir nur erkennen: Potenziell ist diese Vorstellung nicht abwegig.

Was wir daraus für unser eigenes Leben lernen: Möglichkeitsräume handeln mit Potenzialen. Sie spielen mit unserer Fantasie und erzeugen Vorstellungen der Zukunft. Und genau das ist die Zukunft: ein Raum voller Möglichkeiten. Welche der Möglichkeiten sich realisieren wird, kann niemand sicher sagen. In vielen Fällen macht es keinen Sinn, aus den Möglichkeiten Wahrscheinlichkeiten zu machen. Wie wahrscheinlich ist es, dass wir die Viele-Welten-Realität erleben werden? Dennoch helfen dieser Art Theorien und Vorstellungen des Möglichen, uns in eine Zukunft hineinzubewegen. Die Zukunft ist per se unbekannt. Sie ist nicht fertig und kann von nichts und niemandem errechnet werden. Daher benötigen wir Denkweisen, um uns der Zukunft zu nähern oder um die Zukunft zu gestalten. Das Arbeiten mit Möglichkeiten ist ein wesentliches Mittel: Was wir für möglich erachten, kann sich realisieren. In der Geschichte gibt es viele Beispiele. Eine ehemalige Entwicklerin bei Apple hat über die Kultur von Steve Jobs gesagt: »Es gab bei Apple keine Vorstellung davon, dass etwas nicht möglich sei.«

ERKENNEN, WAS MÖGLICH IST

Wie findet man den Zugang zum Raum der Möglichkeiten? Mit einem ausgeprägten Sinn für Beobachtung, einem Verständnis für Zusammenhänge und Mut. Eine wesentliche Grundlage ist Gabe der Beobachtung: Frei von Wertung und ohne Kommentare. Das ist anspruchsvoll in einer Welt, die einen dauernd zum Bewerten und Kommentieren einlädt. Das Wahrnehmen und Erkennen von Möglichkeiten setzt einen Geist voraus, der offen ist. Wertungen verschließen das potenziell Mögliche.

Dazu hatte ich ein schönes Erlebnis: Auf einer Trendreise mit 20 UnternehmerInnen nach Berlin stand auch ein Besuch des Institute for Healing Architecture auf dem Programm. Dieses an der Technischen Universität angesiedelte Institut beschäftigt sich mit der Frage, wie Architektur dem Menschen helfen kann, gesund zu werden – und zu bleiben. Eine spannende Frage. Vor allem, wenn man weiß, dass immer mehr Menschen an psychischen Krankheiten leiden oder Schlafprobleme haben. Außerdem bewegen wir Mitteleuropäer uns über 90 % unserer Zeit innerhalb von Räumen. Der Einfluss der Räume auf unseren Gesundheitszustand ist durchaus relevant.

Wir erreichen das Institute for Healing Architecture. Die Räume wirken nüchtern, geradezu unwirtlich. Es empfing uns eine junge Frau, sie stellte sich als wissenschaftliche Assistentin vor. Die Frau Professor war kurzfristig indisponiert. Wir bewegten uns durch das Institut in Richtung Konferenzraum. Dort fiel uns auf: Die meisten Schreibtische waren leer. Die Assistentin erwähnte, dass fünf ihrer sieben Kollegen krank seien. Die Räume waren kahl eingerichtet, man fühlte sich nicht besonders wohl. Und die Zimmerpflanzen, allesamt Ficus Benjamini, trugen kaum mehr Blätter. Es war gespenstisch in diesem Institut, das für Heilung sorgen soll.

Nach einem detailreichen wissenschaftlichen Vortrag saßen wir in diesem Konferenzraum, kühl, still und ratlos. Allesamt haben sich mehr von diesem Besuch erwartet. In dem Moment wurde mir klar, dass ich die Gruppe auf die Beobachtungsfähigkeit hinweisen muss. Die räumlichen Erlebnisse haben uns zu sehr beeindruckt, als dass wir darin noch Potenziale sehen könnten. Enttäuschung wäre die Folge. Gleichzeitig ist das Thema der Healing Architecture mit enormem Potenzial ausgestattet. Die Notwendigkeit, unsere Häuser und auch Stadtteile gesund zu bauen, ist heute enorm groß. Auch wenn es in diesen Räumen des Instituts nicht direkt erlebbar war: Man hatte sich dort viel Kompetenz in genau diesen Fragen aufgebaut. Die Beispiele, an denen gearbeitet wird, und die akribischen Publikationen beweisen dies. Mir wurde klar: Wir sollten versuchen, das Potenzial des Moments zu erkennen. Dadurch bewegen wir uns im Raum der Möglichkeiten. Als ich der Gruppe dies gespiegelt habe, hat sich ad hoc die Stimmung gedreht. Den Menschen wurde bewusst, das hier kann zu einem ganz wichtigen Moment der Reise werden. Wir blicken in ein Zukunftspotenzial, das erst wenige kennen. Dieser Moment wurde zu einem der Highlights der Reise. Nicht aufgrund einer Sensation oder einer Euphorie, sondern weil es der Gruppe gelungen ist, ihre Beobachtung auf das Potenzial des Moments zu lenken. Werten verschließt die Tür zum Möglichen. Oft zu schnell.

Halten Sie sich diese Türe offen: Der Preis ist gering. Beobachten und das Geschwader an Meinungen, Begründungen und Assoziationen im Kopf einfach ziehen lassen.

WAHRNEHMUNG GEGEN DEN STROM

Das Erkennen von Potenzial ist nicht selbstverständlich – gerade in einer Welt der Sensationen und Newsstürme. Stellt man im Silicon Valley ein Software Update, ist das wie bei einem Rockkonzert. Showtime, viel Licht und enormes Getöse. Unweigerlich schaut man hin. Unweigerlich glaubt man Zeuge einer Zukunft zu sein. Was wir aber wirklich sehen, ist Marketing. Gut gemacht, unterhaltsam und voller Ehrerbietung. Durchgeführt wie Gottesdienste in der Zukunft. Doch das stimmt nicht. Es bleibt Werbung.

Ähnlich verhält es sich mit den Großkundgebungen der Technologie-Szene: Events wie das SXSW in Austin oder das Web Summit in Lissabon. Abertausende Menschen pilgern dorthin, um dabei zu sein, wenn Zukunft passiert. Aber Achtung. Diese Veranstaltungen sind gar nicht so viel Zukunft, wie man glauben könnte. Vielmehr sind sie Showoffs der Technologie-Szene und Prognosen auf Basis dieser. Das ist spannend und zugleich aufregend und vor allem sehr gut gemacht.

In Sachen Zukunftskompetenz sind diese Events nur Randerscheinungen. Die Zukunft zeigt sich üblicherweise nicht im grellen Licht, sie kreuzt eher an unerwarteten Plätzen und Momenten auf. Oder wo haben Sie Ihre Partnerin fürs Leben kennengelernt?

Es ist eine ganz besondere Qualität, wenn es gelingt, in solchen Situationen das Zukunftspotenzial zu erkennen. Dafür sollte es Ihnen gelingen, sich nicht von Scheinwerfern und großen Guru-Ansprachen blenden zu lassen. Sie erkennen dadurch Möglichkeiten, wo die allermeisten nichts Besonderes wahrnehmen. Das ist Zukunft. Das ist eine ganz spezielle Form der Beobachtungsgabe.

MÖGLICHKEITEN NUTZEN: DAS NOCH-NICHT-WISSEN

Das Fundament des Möglichen ist das Noch-nicht-Wissen, das nicht zu berechnen ist. Was wir dafür brauchen, ist diese trainierte Beobachtungsgabe. Eine Art Intuition für das Kommende. Damit beginnen Sie vieles an Zukunft in der Gegenwart zu erkennen. In Garagen, Versuchslabors oder mitten unter uns, diese können Türöffner in ein Wissen sein, das wir noch nicht haben. Daher lebt die Zukunft von dem Erkennen von Möglichkeiten. Am ehesten kennt man diesen Zugang, wo es darum geht, Talente zu entdecken. Wie im Sport. Schon ganz früh will man diejenigen erspähen, die einmal Top-Skiläuferin oder -Fußballer werden sollen. Ein wahrer Boom der Talentescouts ist in den letzten Jahren entstanden. Die Potenzial-Sucher versprechen sich Ähnliches wie ich in Berlin: Man will die Zukunft entdecken: in einem Hinterhof in Nizza oder auf einem Futsal-Platz in Salvador. Man sieht einen talentierten, jungen Menschen. Man kann sich vorstellen, dass dieser alles hat, was man braucht. Potenziell. Daher wird man versuchen, dieses Talent zu fördern. So ist es auch mit Potenzialen im Leben: ob in Form einer Architekturrichtung oder einer flüchtigen Begegnung. Sie können lernen zu erkennen, ob es sich um ein Potenzial handelt oder eben nicht. Was Sie dafür brauchen: eine im ersten Moment wertfreie Beobachtungsgabe und ein Gespür für sich selbst. Denn unser bewusstes Denken stellt nur einen Bruchteil unserer Verarbeitung von Informationen dar. Wenn es um Potenziale geht, brauchen wir ein Vertrauen in den unbewussten Teil unseres Denkens. Gemeinhin würde man sagen, dass man sich auf sein Bauchgefühl verlassen sollte. Doch das wäre mir zu wenig. Es ist wesentlich mehr als Bauchgefühl. Potenziale zu erkennen bedeutet die Verbindung aus Denken und Fühlen. Vor allem wenn es um Möglichkeitsräume für Zukünftiges geht. Dann erschließen wir Noch-nicht-Wissen. Das kann man lernen; durch das Vermeiden von schnellen Wertungen einerseits. Durch das Denken in Zusammenhängen andererseits.

KONTEXTE SIND DIE LANDKARTEN DES UNBEKANNTEN

Erinnern wir uns noch mal an die Geschichte in dem Institut in Berlin. Bewerten wir die Situation zu schnell, drehen wir uns um und sind enttäuscht. Dann sehen wir die Zusammenhänge nicht. Was bedeutet das? Bleiben wir noch einen Augenblick in Berlin: Gesundheit hat einen riesigen Stellenwert in unserer Gesellschaft. Viele Menschen leiden an chronischen Krankheiten: ein Drittel zum Beispiel an chronischen Schlafstörungen, ein weiteres Drittel hat Schlafprobleme – beides mit steigender Tendenz. Außerdem wird die Gesellschaft älter. Und wir leben in sehr verdichteten Wohneinheiten bei gleichzeitig steigender Einsamkeit. Alles Faktoren der Gegenwart. Wenn wir diese Zusammenhänge erkennen und mit der Idee von heilender Architektur verbinden, sehen wir Potenziale. Es sind die Kontexte, die uns helfen eine Situation einzuschätzen. Welche Kontexte beziehen sich auf das, was wir beobachten? Welche Arten von größeren Zusammenhängen können wir heute schon sehen? Können wir daraus Rückschlüsse ziehen auf das, was wir gerade beobachten?

Ein kleiner Tipp: Achten Sie sowohl auf Details wie auf das große Ganze – den Kontext. Die meisten Informationen dazwischen sind Allgemeinwissen, und daher wenig potenziell. Viel zu schnell wird unsere Aufmerksamkeit von Allgemeinplätzen verbraucht. Wenn ein Talentescout einem jungen Burschen beim Fußballspielen zusieht, achtet er nicht darauf, ob dieser das Tor trifft. Er schaut darauf, wie er sich bewegt, welche natürlichen Laufwege er nimmt. Er achtet auf Blickkontakte und Gesten. Kleinigkeiten, die für den normalen Zuschauer kaum auszumachen sind. Aber für den Scout machen diese Dinge den Unterschied. Zugleich sieht er das größere Bild, das er in seine Entscheidung mit einbezieht: Welche Talente werden gesucht, welche Clubs suchen welchen Stil? Wohin hat sich der Sport in den letzten Jahren entwickelt? Welches Talent kann den Unterschied machen? Details und Kontexte! Darauf kommt es an. Das Denken in Kontexten ist für viele Menschen schwer, es wird unseren Kindern sogar abtrainiert. Eine junge Mutter hat mir unlängst von ihrer

Tochter erzählt. Diese sei ein sehr lebhaftes Kind und besucht die Volksschule. Ein Gespräch mit der Lehrerin des Kindes schilderte mir die Mutter so:

>>Ihre Tochter ist sehr lebendig und wissbegierig.<<
>>*Ja, das weiß ich. Auch zu Hause fragt sie mir ständig Löcher in den Bauch.*<<
>>Tatsächlich denkt sie sehr vernetzt. Sie bringt in jeder Unterrichtsstunde Erfahrungen aus anderen Fächern mit.<<
Eine kurze Pause.
>>Aber gut. Wir werden sie trotzdem irgendwie durchbringen!<<

Die Mutter war sehr aufgeregt. Sie konnte diesen Befund kaum fassen. War es nicht genau das, was wir in der modernen Arbeitswelt von den Menschen verlangen? Eigenständiges vernetztes Denken! In dieser Volksschule jedenfalls war es ein Problemfall. Ich vermute, das ist kein Einzelfall. Spielerisch zwischen Kontexten wechseln zu können, ist Basiswissen für das 21. Jahrhundert. Lassen Sie niemals zu, dass man Ihnen oder Ihren Kindern das abtrainiert.

Noch wesentlicher ist das beim Erspüren von Potenzialen. Darauf werden wir kaum sensibilisiert. Es lohnt sich, dieses vernetzte Wahrnehmen zu trainieren. Das können Sie jederzeit tun. Auch jetzt.

DREI KLEINE ÜBUNGEN FÜR ZWISCHENDURCH

Aus einem Arbeitsbuch des Zukunftsinstituts stammen die folgenden drei Übungen. Diese sind kleine Augenübungen. Das Visuelle ist unser primärer Sinneskanal. Über die Augen nehmen wir am meisten Informationen auf. Wir interpretieren auch visuell, indem wir Bilder im Kopf entwickeln. Die folgenden visuellen Übungen trainieren den Sehsinn, um Zusammenhänge besser erkennen zu können. Lehnen Sie sich zurück und machen Sie den Spaß mit.

Peripheres Sehen: Erweitern Sie Ihr Blickfeld, indem Sie bewusst auf Randphänomene achten, die sich eigentlich nur in Ihren Augenwinkeln ereignen. Unser Blickfeld ist weiter, als wir das normalerweise nutzen. Im Alltag fokussieren wir häufiger, als wir loslassen. Daher: Lassen Sie den Fokus los und verlassen Sie sich auf Ihr ganzes Blickfeld. Sie werden erstaunt sein, was sich in der Peripherie alles abspielt.

Wenden Sie es auf eine Situation an, die Ihnen wichtig ist. Gehen Sie in den breiten Blick. Könnten sich dort, in Ihrem peripheren Sichtfeld, Dinge abspielen, die für Sie eine unerwartete Relevanz entwickeln könnten?

Langsames Sehen: Nehmen Sie sich Zeit und betrachten Sie die Welt, ohne direkt an Pflichten, Nutzen und Interpretationen zu denken. Blicken Sie nicht nur auf das unmittelbar um Sie Liegende, sondern auch in die weitere Ferne. Worauf verweilt Ihr Blick, wenn er nicht gelenkt wird?

Defokussiertes Sehen: Haben Sie den Mut, Ihren Blick zu entschärfen und ihm die Klarheit zu nehmen. Zum Beispiel, indem Sie die Augen etwas zukneifen. Was sehen Sie Neues, wenn Sie sich die Freiheit nehmen, sich beim Blick auf ein Detail nicht sofort das Gesamtbild hinzuzudenken? Wenn Sie Vorannahmen und vermeintliches Wissen über Bord werfen?

Kontexte und Zusammenhänge sieht man besser in Unschärfe, im Nicht-Fokus. Die meisten Menschen sind in ihrem Alltag darauf angehalten, fokussiert zu sein. Wer kennt das nicht: Jedes Meeting muss sofort ein Ergebnis haben, jeder Tag ein Ziel erfüllen. Andererseits sind wir auch sehr schnell abgelenkt: Soziale Medien zerren unsere Aufmerksamkeit in die Belanglosigkeit. Dazwischen einen Raum des stillen Wahrnehmens von Zusammenhängen zu finden, ist nicht leicht, aber für die Zukunft essenziell: Leidlich erfahren habe ich das vor mehr als zehn Jahren, als ich in einer solchen Unschärfe das Thema »Sharing« am Radar hatte. Ich hatte zu dieser Zeit viel mit der Tourismusindustrie zu tun. Mehrfach versuchte ich meine Trend-Wahrnehmung mit Menschen aus der Branche zu besprechen, das ging dann wiederholt etwa so:

»Sharing wird vermehrt zu einer Haltung und einer Kultur. Gerade junge Menschen springen auf diese Idee an. Sie wollen Dinge benützen, nicht besitzen.«

»Ich versuche zu verstehen, was Sie mir sagen. Nur kann ich mit dem Blick auf unsere Branche da keine Zukunft erkennen. Im Gegenteil: Das hat mit uns nichts zu tun.«

»Aber es handelt sich um einen Wandel in der Haltung. Es werden Angebote folgen, auch wenn diese heute noch nicht klar sind.«

»Das sehe ich anders. Das wird an uns vorübergehen.«

In einem »Stern«-Interview vom 19. September 2013 hat Nathan Blecharczyk, einer der Gründer von Airbnb, im Grunde dasselbe gesagt: »Uns hat niemand ernst genommen.« Heute sieht das anders aus. Nach Angaben des Unternehmens vermittelt Airbnb zwei Millionen Übernachtungen täglich! Man kann nicht mehr behaupten, dass dies nichts mit der Tourismusindustrie zu tun hat. Aber wie heißt es so schön: Im Nachhinein ist man immer klüger. Aber darum geht es hier. Wie gelingt es, dass man in seinem eigenen Leben nicht nur im Nachhinein klüger ist? Das Erkennen von Kontexten und Zusammenhängen ist eine essenzielle Qualität genau dafür. Verschaffen Sie sich Blick für Potenziale. Üben Sie sich im Erfassen von Kontexten – das sind Grundsteine für das Arbeiten mit Möglichkeiten.

MUTIG VORAN

Die dritte Zutat zum Erkennen von Möglichkeiten ist der Mut. Oder genauer formuliert: der Zukunftsmut. Zukunft erfordert, dass wir uns auf das Ungewisse und Unsichere einlassen. Die Zukunft per se ist unbekannt. Prognosen helfen uns dabei zu erkennen, welche Entscheidungen heute anstehen könnten. Aber sie sagen nicht die Zukunft voraus. Potenziale geben uns Hinweise darauf, welche Möglichkeiten sich in Zukunft realisieren könnten. Doch diese sind keine Garantie. Also bleibt uns Menschen der Mut. Dabei ist Mut nicht mit Wagemut zu verwechseln. Mutig ist jeder Mensch, der sich über seine gewohnten

Komfortzonen hinwegsetzt und sich selbst überwindet. Mut hat nichts zu tun mit Heldentum. Es ist eine klare Entscheidung für sich und seine Zukunft. Peter Sloterdijk hat dafür einen ganz hervorragenden typologischen Begriff entwickelt. Er spricht von »Zukunftsprovokateuren«. Damit meint er Menschen, die sich auf die Zukunft einlassen wollen. Der potenzielle Möglichkeitsraum ist groß, aber eben nicht schicksalshaft vorgezeichnet. Um Möglichkeiten zu erkennen, sollte man sie auch ergreifen wollen. Denn ob es eine Möglichkeit ist oder nicht, ergibt sich oft erst durch das Tun oder durch das Provozieren von Zukunft. Potenziale zu erkennen, ist das eine. Sie zu entfalten, das andere.

Boyan Slat, ein junger Mann aus den Niederlanden, wollte eigentlich Astronaut werden, doch stattdessen hat er ein Verfahren entwickelt, um das Meer von Plastik zu befreien. Die vorausgehende Beobachtung hatte er bei einem Familienurlaub in Griechenland im Jahr 2011. Bei Tauchgängen fiel ihm der Müll auf, er wollte etwas tun. Das Potenzial entdeckte er dann im Labor. Er entwickelte ein Verfahren, um das Plastik aus dem Meer zu fischen. Niemand hielt es für möglich. Aber er fasste Mut und fing an. Heute hat er sein eigenes Unternehmen – The Ocean Cleanup. Und er reinigt. Ein wahrer Zukunftsprovokateur.

Nicht jeder Mensch ist zu jeder Zeit dazu in der Lage oder auch bereit. Die Möglichkeiten herauszufordern, ist keine ganz simple Aufgabe. Nicht umsonst verbreitet sich eine vermehrte Diskussion über Fehler. In einer Null-Fehler-Umgebung werden wir uns nicht dem Möglichen zuwenden, sondern immer nur dem statistisch Belegten. Doch Wahrscheinlichkeiten, so haben wir gelernt, zeigen nicht die Zukunft. Sie helfen uns, rückwirkend zu behaupten, nichts Falsches gemacht zu haben. Wer mutig ist, wird auch Fehler machen. So viel steht fest. Daher ist es schlau, sich auf Fehler einzustellen. Zum Leben gehört die Ungewissheit. Sie ist unser ständiger Begleiter. Ungewissheit ist die Quelle des Möglichen.

UNMARKIERTE BEOBACHTUNGEN UND NEUE BEGRIFFE

In der Trendforschung beschäftigt man sich mit den vorher beschriebenen Potenzialen. Die Basis dafür bilden Beobachtungen. Dafür werden unterschiedlichste Quellen herangezogen: wissenschaftliche Untersuchungen, öffentliche Meinungsentwicklung, Datenauswertungen und Expertenwissen; ebenso wie ein ständiger Dialog mit Vordenkern und Pionieren. Die Vielfalt der Quellen ist wichtig. Es entsteht eine differenzierte Wahrnehmung der Welt. In den Korrelationen dieser Beobachtungen erkennen Trendforscher Muster. Diese werden markiert, aber noch nicht benannt.

Hier ein Beispiel solcher Beobachtungen: 1. Immer mehr Menschen leiden daran, dass sie ihre Aufmerksamkeit nicht mehr selbstbestimmt einsetzen können. Die ständige Flut der Social Media fordert ihren Preis. 2. So viele Menschen wie nie zuvor besuchen Yogastudios und buchen Entspannungskurse. 3. Immer mehr Unternehmen setzen auf Maßnahmen, die nicht die Effizienz, sondern das Wohlfühlen steigern sollen. 4. Ein soziologisches Buch von Hartmut Rosa zu »Resonanz« landet auf den Bestsellerlisten.

Diese vier Beobachtungen haben auf den ersten Blick nichts miteinander zu tun, dennoch erkennt man darin ein Muster. Jede der Beobachtungen erzeugt eine Distanz zur klassischen Leistungsidee unserer Gesellschaft. Die Frage, die unscharf zu erkennen ist: Wie gelingt es Menschen, in einer Zeit der Beschleunigung ruhig und selbstwirksam zu bleiben?

In der Trendforschung markieren wir diese Entwicklungen und schauen eine Zeit lang zu. Ohne zu werten, ohne zu kommentieren. Bis zu dem Moment, an dem klar wird, dass all diese Entwicklungen einen größeren, gemeinsamen Kontext haben. Erst dann benennen wir diese Veränderung. In dem beschriebenen Beispiel haben wir das »Die neue Achtsamkeit.« genannt: Durch die Begriffsgebung entsteht nun eine Wahrnehmung für den größeren Zusammenhang. Der Begriff »Achtsamkeit« wird zum Griff für den Möglichkeitsraum. In ihm drückt sich ein Trend aus. Wir erfassen durch den Begriff das Potenzial für

Zukünftiges. Begriffe wie diese nehmen nichts vorweg. Sie sagen nicht: »So ist die Zukunft«, aber sie erzählen die Geschichten, die der Wandel bereithält, und machen Möglichkeitsräume begreifbar.

Dieses Vorgehen lässt sich auf den persönlichen Umgang mit Möglichkeiten übertragen. Dazu ein kleiner Leitfaden:

- *Seien Sie aktiv neugierig und interessiert an dem Wandel der Welt.*
- *Nutzen Sie Prognosen als das, was sie sind: Hinweise.*
- *Achten Sie auf Potenziale. Diese zeigen sich meist unerwartet.*
- *Seien Sie sensibel für Details. Sie machen den Unterschied.*
- *Beobachten Sie die Kontexte. Überblicken Sie das größere Bild.*
- *Finden Sie einen Be-Griff für das, was Sie als Potenzial erkennen.*
- *Haben Sie Zukunftsmut. Provozieren Sie das Mögliche.*

IHRE ZUKUNFT STEHT AUF DEM SPIEL

Ich möchte um Ihre Faszination für Zukunft werben. Schließlich geht es um alles. Die Zukunft, die wir uns gestalten, ist die Gegenwart vom Heute und Morgen. Das trifft auf uns als Gemeinschaft zu. Das trifft auf Sie als Individuum zu. Ein wichtiges Fundament Ihrer Zukunft ist Ihre Neugierde. Wenn Sie diese wecken können, haben Sie schon viel erreicht. Darüber hinaus benötigen Sie eine gute Beobachtungsgabe, ein wahrnehmendes Bewusstsein, das über unser Alltagsbewusstsein hinausgeht. Unsere Gegenwart ist geprägt von Überforderung und Ablenkung. Wir sind eingebettet in eine Welt der Shows, Gigs und Sensationen. Daher ist es nur allzu leicht, dass man unsere Aufmerksamkeit verführt und ablenkt mit vermeintlichen Zukünften. Dann starren wir auf Produktshows aus dem Valley oder das Staatstheater in China. Und wir sagen dann: »Wow, dort ist Zukunft.« In den allermeisten Fällen ist es dies aber nicht. Wir müssten sagen: »Wow, was für eine Show.« Die wirkliche Zukunft verbirgt sich oft im Undeutlichen. Die spannenden Entwicklungen sind meist nicht die offensichtlichen. Aber gerade weil wir so eingebunden sind in ein Dauerfeuer von Prognosen und Zukunftspredigten, sind wir prognostisch verseucht. Zu erkennen, wo echte Potenziale liegen, ist alles andere als einfach. Umso wichtiger ist es, dass wir ganz bei uns selbst sind, wenn wir uns mit der Zukunft unterhalten. Damit wir unseren Kopf und unser Gefühl freibekommen für das, was wirklich zählt.

WIE ZUKUNFT
ENTSTEHT

DIALOG MIT MEINER WELT

Hallo Welt.«

»*Hallo Du.*«

»Sag mal, wie bist du eigentlich entstanden?«

»*Ich bin mit dir geboren.*«

»Wie mit mir? Du warst doch schon längst da. Auch vor mir.«

»*Nein. War ich nicht.*«

»Wie meinst du das?«

»*Ich bin deine Welt. Ich bin mit dir geboren.*«

»Aber meine Eltern waren schon vor mir da, und da hat es die Welt auch schon gegeben.«

»*Nein, das war deren Welt. Ich bin erst da, seit es dich gibt. Cool, oder?*«

»Quatsch. Du bist die Welt. Du bist die Erde, das Meer, das Internet. Das bin nicht ich.«

»*Doch, das alles bist du. Du sagst es ja gerade. Wenn du nicht da wärst, wäre auch die Welt nicht da. Ich wäre nicht da.*«

»Was willst du mir damit sagen?«

»*Na ja, wie kann es die Welt geben, wenn es dich nicht gibt. Wer weiß dann, dass es eine Welt gibt?*«

»Na, alle anderen, die dann da sind.«

»*Ja, aber die kennen ja nur ihre Welt. Nicht die deine. Das ist was anderes. Die Welt, das bist du. Du machst dir deine Welt.*«

»Ich mach mir meine Welt?«

»*Ja, so ist das. Und weil du dir deine Welt machst, bist du auch Schöpfer, Gestalter, Verwalter. Du bist Autor, Regisseur und Produzent. Du bist auch Darsteller und Publikum. Alles bist du.*«

»Du meinst im Film meines Lebens? Das kann ich verstehen. Aber noch mal: Da gibt es eine Welt unabhängig von mir.«

»*Woher kannst du das wissen?*«

»Aber bitte: Ich bin doch nicht dämlich. Schau raus aus dem Fenster. Da sind doch alle. Das Haus dort wird es auch geben, wenn ich nicht mehr da bin. Und es hat es auch schon vorher gegeben.«

»*Solange du das glaubst, bin ich also nicht deine Welt. Dann bin ich irgendeine Welt.*«

»**Wie meinst du das schon wieder?**«

»*Wenn du glaubst, dass es eine allgemeine Welt gibt, so lange bin ich – deine Welt – nichts wirklich Besonderes. Aber hey, ich könnte was Besonderes sein. Ich bin echt cool. Deine Welt ist wirklich cool.*«

»**Meine Welt ist cool?**«

»*Ja, ich bin cool. Und außerdem: Ich weiß schon, was du meinst. Da sind Bäume, Häuser, Tiere; viele Menschen, Technologie; Flüsse, Meere und das Weltall. Und noch vieles mehr. Aber das alles interpretiere ich für dich. Ich bin deine Welt. Und ich bin nicht vollständig. Ich bin nie all das, was es geben könnte.*«

»**Hmm. Wenn ich auf ein Haus schaue, dann gefällt es mir oder nicht. Das ist meines. Und ich interessiere mich sehr für Tiere. Da kenn ich mich aus. Das ist meine Welt! Ach so, jetzt verstehe ich langsam, was du meinst. Das ist aber ein bisschen kompliziert, oder?**«

»*Ja, du bist nicht einfach gebaut. Aber du bist ja auch ein Mensch. Tiere können sich nicht ihre Welt machen.*«

»**So gesehen kann ich das nachvollziehen. Ich mach mir meine Welt.**«

»*Ja, genau. Und hier bin ich.*«

»**Aber dann kann ich dich ja beliebig formen. Super. Dann wünsch ich mir jetzt von meiner Welt …**«

»*Stopp, warte mal. So einfach geht das nicht. Ich bin mit dir entstanden. Und du hast mich schon sehr lange trainiert, zu sein, wie ich bin. Ein einfacher Wunsch hilft da nicht. Wenn du mich verändern möchtest, musst du schon was dafür tun.*«

»**Ah, anspruchsvoll auch noch, meine Welt?**«

»*Ja, so ist das nun mal. Ich bin auch nicht mehr die Jüngste. Wenn du meinst, ich müsse nun anders werden, dann bitte hilf mir dabei. Nicht wünschen.*«

»**Gut, das ist fair. Du, meine Welt. Ich würde mich gerne entwickeln. Wie muss ich dich ändern, damit das gelingt?**«

»*Bau dir eine Zukunft!*«

»Du verwirrst mich schon wieder. Wie soll ich mir eine Zukunft bauen? Die kommt ja auf mich zu!«

»Nein. Zukunft baust du. In deinem Denken und Fühlen. Du musst daran arbeiten. Zukunft ist vor allem eine Vorstellung der Welt. Stell dir also mich vor, wie ich anders wäre.«

»Doch wünschen?«

»Nein. Dran arbeiten. Zukunft ist ein Raum voller Möglichkeiten. Da musst du durch. Deine Potenziale erkennen. Die Möglichkeiten realisieren. Sie für dich in Beziehung bringen mit den Welten der anderen. Dir Bilder entwickeln, was Zukunft für dich ist. Außerdem musst du Teile von mir loslassen. Ich bin dir vielleicht manchmal sogar im Weg, wenn es um Zukunft geht.«

»Meine Welt? Du bist mir im Weg?«

»Ja, nicht ganz und gar. Aber klar. Wir beide haben schon so manche Gewohnheiten entwickelt. Die könnten einer Zukunft im Wege stehen. Also: einer anderen Vorstellung von Welt. Ich bin bereit, du?«

»Autsch. Das ist aber schade. Ich mag dich eigentlich gern!«

»Ja. Zukunft tut manchmal weh, ist aber geil.«

»Hey, Zukunft tut weh, ist aber geil. Das hört sich super an.«

»Also. Was meinst du. Bist du bereit?«

»Bereit, wenn du es bist.«

»Ja. Lass uns Schwung holen!«

»Auf in die Zukunft!«

ZUKUNFTSKINO

Sie sitzen in einem Kino. Auf der Leinwand: Ihre Zukunft. Gebaut aus Ihren Gedanken in Bildern, Worten und Bewegungen. Verstärkt durch Ihre Emotionen. Freude, Angst, Hoffnung, Leid. Ihre Sehnsüchte und Befürchtungen in bunten Sequenzen und diffusen Ereignissen. Doch wer projiziert auf die Zukunfts-Leinwand? Sie selbst? Es wirkt die Kraft der Imagination, die jedem Menschen innewohnt. Ihre Vorstellungskraft erzeugt Ihre Zukunft, jeden Tag, jeden Augenblick: vom morgen anstehenden Zahnarztbesuch bis zum Urlaub im nächsten Jahr. Sie stellen sich die Zukunft vor.

Jeder Mensch stellt sich die Zukunft vor. V-o-r-stellen. Vor – stellen. Wir stellen uns die Zukunft vor uns hin. Egal ob wir mit Wahrscheinlichkeiten rechnen oder Möglichkeiten entfalten. Schlussendlich wird daraus eine Imagination, der wir den Namen »Zukunft« geben. Die Zukunft ist eine Vorstellung, nichts anderes als ein mentaler Prozess; eine Art zu denken. Allerdings eine durchaus komplexe Art. Denn in der Imagination verbinden sich unsere mentalen Fähigkeiten. Sich etwas vorzustellen bedarf einer sowohl intellektuellen wie auch emotionalen Leistung. In unserem Alltag machen wir dies permanent. Aber die wenigsten nutzen die Kraft ihrer Vorstellung aktiv, um Leben in ihre Zukunft zu bringen. Vielmehr haben wir unsere Arsenale der Imagination mit Alltagsroutinen vollgestellt. Das ist schade. Ist die Fähigkeit der Imagination doch das, was der Psychologie Martin Seligman als »einzigartig menschlich« beschreibt. Nur wir Menschen können uns alternative Möglichkeitsräume vorstellen. Tatsächlich machen wir das auch tagtäglich. Wenn wir planen zum Beispiel. Oder wenn wir an den morgigen Tag denken. Seligman hat mit seinem Team an Psychologen das Zukunftsdenken empirisch untersucht. In seinem Buch »Homo Prospectus« stellt er die Ergebnisse ausführlich dar. Durch die Arbeiten Seligmans wird klar, dass die allermeisten unserer Gedanken implizit und intuitiv gesteuert werden. Nicht explizit und bewusst. Dies macht die ganze Sache kompliziert. Was aber tun wir, wenn wir uns bewusst mit der Zukunft beschäftigten? Darauf wollen wir hinaus: die eigene Zukunft in die eigene Verantwortung holen. Was machen Menschen also, wenn sie an die Zukunft denken?

PLANEN MACHT GLÜCKLICH

Die mit Abstand häufigste Art, an Zukunft zu denken, ist das Planen. (Seligman et al. – S. 169). In der von Seligman durchgeführten Studie zeigt sich, dass 74 % aller Zukunftsaktivitäten im Gehirn mit Planen zu tun haben. Planen schafft eine Verbindung des Heute mit dem Morgen. Es bringt Struktur und erzeugt Ordnung. Wir Menschen lieben Strukturen; vor allem wenn wir es mit Unbekanntem und Unübersichtlichem zu tun haben. Aber, so werden Sie ahnend fragen, eröffnet uns Planen den Möglichkeitsraum? Nein.

Wenn wir planen, verbinden wir bekanntes Wissen mit einem Kalender. Wir erzeugen eine Reihenfolge von Schritten, um sicher zu sein, was zu tun ist. Wenn Sie planen, suchen Sie Halt. Sie suchen eine Orientierung. Sie ringen der Zukunft ein Stück Souveränität ab. Und Sie nehmen der Zukunft das Monströse, Unbeherrschbare. Geht doch. Wer diese Forschungsergebnisse kennt, versteht den Alltag vieler Menschen. Strategen in Unternehmen, die Strategie nicht als Gestaltungsprozess (Christian Blümelhuber), sondern als Planungsprozess betrachten. Gestresste Mütter, die den Jahresurlaub der nächsten zwei Jahre verplanen. Menschen vor der Pension, die schon Jahre planen, was sie dann alles tun werden. Ganze Branchen, wie Verlage, die immer noch in Frühjahrs- und Herbstprogrammen denken – und das Jahre voraus. Alles Planung. Immer mit der Intension ausgestattet, der Zukunft eine Gewissheit gegenüberzustellen. Aber ist Planen schlecht? Natürlich nicht. Planen hat nichts Verwerfliches. Aber Planen bedeutet in der Regel, sich dem Möglichen, dem zukünftigen Potenzial, nicht stellen zu können. Wer seinen Urlaub über die nächsten drei Jahre verplant hat, wird wenig Überraschungen erleben. Und weiter planen. Denn, so eine ganz zentrale Schlussfolgerung der Seligman-Untersuchungen ist: Planen macht uns Menschen glücklich. Der Grad an Happyness steigt bei uns Menschen, wenn wir planen können. Außer, so das Forscherteam, wenn wir müde sind: Dann planen wir nicht so gerne. Dann ist uns das Entwickeln von Strukturen zu anstrengend ... kommt Ihnen das bekannt vor?

Die zweithäufigste Aktivität in Sachen Zukunftsdenken ist: Hoffen, in Zukunft etwas zu erleben (47 %). Wir stellen uns dabei eine Situation vor, wie wir sie uns wünschen würden. Wir freuen uns auf etwas und denken daran, wie es sein könnte. Hoffnung ist aber gar nicht so positiv für Zukunftsfragen, wie es hier klingen mag. Die Basis für Hoffnung ist gewissermaßen Mangel. Wenn wir hoffen, erleben wir uns passiv. Hoffen bedeutet, dass irgendetwas gut gehen muss. Das kann mit dem eigenen Tun eng verknüpft sein. Wenn wir allerdings hoffen, dass uns der Traummann oder die Traumfrau endlich begegnen möge, geht Hoffnung vom Gefühl der Unvollständigkeit aus. Das muss bei Ihnen nicht so sein, ich will Ihnen nicht die Hoffnung nehmen.

Auf Nummer drei des Rankings, bei dem Mehrfachnennungen der Probanden möglich waren, landen Gedanken zu Aktivitäten, die schon feststehen und die man daher sicher durchführen wird (39 %). Wenn Sie beispielsweise daran denken, dass Sie morgens in den Zug steigen, wenn Sie ein Meeting vorbereiten oder einen Kindergeburtstag organisieren. Gute Vorsätze und sich etwas vorzunehmen kommt mit 29 % als Nächstes auf dem Ranking. Daran zu denken, was man tun muss, und auch sich zu überlegen, was andere tun werden, liegen mit jeweils 26 % der Häufigkeit schon deutlich abgeschlagen.

Weit weniger als vermutet machen sich Menschen Sorgen über die Zukunft (22 %). Auch wenn Sorgen und Ängste die Debatten über die Zukunft dominieren. So determinieren sie nicht unseren alltäglichen Umgang mit unserer eigenen Zukunft. Das ist wichtig. Denn Menschen, deren Zukunftsdenken überbordend von Sorgenstrukturen durchdrungen ist, neigen zu Depression. Daher ist es nur gut, dass wir als Menschen in der Regel vom Positiven ausgehen. Dass dies in einer Welt der aggressiven Negativnews und Shitstorms gar nicht so einfach ist, darüber sind wir uns einig. Daher kommt es auch schnell zu Sorgenstrukturen, wenn wir in der Verallgemeinerung über Zukunft sprechen. Aber was die eigene Zukunft anbelangt, dominieren in der Regel nicht die Ängste. Noch weniger als alle voran genannten Denkweisen zur Zukunft haben Menschen zukünftig erwartete Emotionen. Nur 18 % sind das. Wenig, aber das können wir ändern.

ENTSCHEIDUNGEN VERBRENNEN MÖGLICHKEITEN

In den meisten Fällen sind Vorstellungen unserer Zukunft positiv. Wir planen, wir stellen uns konkrete Aktivitäten vor, wir untersuchen Erwartungen anderer. Alles gut. So lange, bis echte Entscheidungen anstehen. Menschen erhalten sich die meiste Zeit positive Illusionen und optimistische Vorahnungen. Außer wenn es zu Entscheidungen kommt. (Seligman et al.) Vor Entscheidungen werden wir unsicher. Wir sehen unsere Zukunftsmöglichkeiten deutlich weniger optimistisch. Wir werden vorsichtig. Das ist nachvollziehbar. Jede Entscheidung verbrennt den Möglichkeitsraum. Träumen von einer Zukunft in einem fremden Land ist toll. Wir können uns in der Fantasie ausmalen, wie alles wird. Wir können den Umzug planen, bis ins Detail. Kommt aber der Tag, an dem wir uns entscheiden müssen, kollabiert die Vorstellung. Entscheidungen verbrennen den Möglichkeitsraum. Was vorher offen und unscharf war, wird plötzlich faktisch. Sollten Sie wirklich auswandern wollen, hat diese Entscheidung harte Konsequenzen: den Job kündigen, ihre Wohnung aufgeben, ihre Familie verlassen. Für Hoffnung? Für einen unsicheren Möglichkeitsraum? Es ist klar, dass Momente der Entscheidung nicht von Optimismus strotzen. Entscheidungen sind Schwellen. Auch beruflich. Vielleicht sind Sie selbstständig und Sie fragen sich: Soll ich wirklich jemanden einstellen? Finde ich die oder den Richtige(n)? Wird diese neue Kraft auch wirklich bringen, was ich mir verspreche? Oder handle ich mir noch mehr Schwierigkeiten ein, weil ich mich um jemanden kümmern muss? Entscheidungen sind Schwellen. Sie hüten den Möglichkeitsraum. Und es sollte uns bewusst sein, dass wir als Menschen in Momenten der Entscheidungen nicht im positiven und optimistischen Modus sind. So weit die Psychologie. Bis die Entscheidung getroffen ist, danach herrschen in den allermeisten Fällen wieder optimistische Ausblicke. Unabhängig davon, ob der Optimismus gerechtfertigt ist.

ZUKUNFT ENTSTEHT IM KOPF

Zukunft ist also Vorstellung und Fantasie. Kein Mensch ist je in der Zukunft gewesen, niemand kann gesichert von der Zukunft berichten. Aber wie funktioniert dann diese Vorstellung? Wie füllt sich die Leinwand in unserem Kopf mit all den Informationen und Visionen? Wer hat den Zugang zum Projektor, wer schreibt das Skript und das Storyboard, wer produziert diese Zukunft, die auf Ihrer persönlichen Leinwand läuft? Irgendwie ist Ihnen jetzt schon klar: Das sind Sie selbst. Und doch bleibt eine Ungewissheit: Wie viel von dem, was auf der Leinwand zu sehen ist, kommt wirklich von Ihnen? Viele Menschen erleben sich selbst nur in einer Statistenrolle im eigenen Zukunftsfilm. Das muss so nicht sein. In der eigenen Zukunft sind Sie immer Akteur und Regisseur, Produzent und letztlich auch Konsument zugleich. Oder anders: Sie sind diese Zukunft, die Sie auf der Leinwand sehen. Ist Ihnen das auch wirklich klar?

Viele Menschen lassen Zukunft geschehen, so als wäre diese schon längst entschieden. Immer wieder verlassen sich Menschen auf Horoskope und ähnliche Heilsversprechen. Neugierige lesen Medien und Bücher über die Zukunft, Profis holen Trendexperten und beschäftigen Forschungsabteilungen, Massenkonferenzen werden abgehalten mit der Zusage, Zukunft zu zeigen. Aber nur ganz wenige Menschen nutzen die eigene Kraft der Imagination. Warum das so ist: Wer an der eigenen Imagination arbeitet, muss sich selbst erkennen wollen. Wer an der eigenen Zukunft arbeitet, sollte sich selbst infrage stellen können. Das ist nicht ganz einfach, aber auch nicht unmöglich. Was Sie dazu brauchen, sind pragmatische Werkzeuge der Reflexion, ein anti-naives Verständnis für die Zusammenhänge der Welt und die eine gute Beziehung: nämlich zu sich selbst.

MENSCHEN BRAUCHEN ZUKUNFT

Dass wir uns als Menschen Zukunft vorstellen können, ist »einzigartig« (Seligman). Andererseits ist es auch nötig. Wir Menschen brauchen Zukunft. Denn über die Imagination navigieren wir durch unser Leben. Der weltgewandte Österreicher Paul Watzlawick hat sich zeitlebens mit der Frage beschäftigt, wie wirklich unsere Wirklichkeit wohl sei. Er war als Psychologie und Kommunikationswissenschaftler einer der führenden Forscher, deren Arbeiten die Basis für den Konstruktivismus legten. Die zentrale Einsicht dabei: Es gibt keine objektive Realität, sondern nur Wirklichkeiten, die jeder Mensch für sich kreiert. Jeder Einzelne konstruiert seine eigene Welt! Eine andere Möglichkeit gibt es nicht, daher können wir die wirkliche Wirklichkeit nie direkt erfahren und brauchen unsere Vorstellungskraft: Durch unsere Sinne erhalten wir Impulse von einer Welt, die wir dann interpretieren und zu unserer Welt machen. So bewegen wir uns in der Welt. Wir sehen nie, was wirklich ist. Sondern immer das, was wir daraus machen. Das sind keine einfachen Aussagen. Der Neurowissenschaftler Dr. Beau Lotto formuliert das so: »Die meisten Menschen gehen davon aus, dass wir die Welt akkurat sehen, so wie sie tatsächlich ist. Selbst viele Neurowissenschaftler, Psychologen und Kognitionswissenschaftler tun das ... « Aber, so meint er weiter: »Wir sehen die Realität nicht – wir sehen nur, was unser Gehirn aus dem ›Raum dazwischen‹ zu uns durchdringen lässt.« Wir erleben Eindrücke unserer Umgebung über unsere Sinne. Die darin enthaltenen Informationen werden in uns mit Bedeutung versehen. Und plötzlich sagen wir: »Ah, da steht ein Glas auf dem Tisch.« Die Voraussetzungen für einen Satz wie diesem sind schon sehr groß: Wir müssen Sprache kennen und das Wort »Glas«. Dann sollten wir gelernt haben, was ein Glas ist und was ein Tisch und wodurch man das eine vom anderen unterscheidet. Dafür haben sich in unserem Gehirn viele Zellen in Bewegung gesetzt. Wer kleine Kinder zu Hause hat, kann nachvollziehen, wie lange es dauert, bis solcherlei triviale Zusammenhänge selbstverständlich erscheinen. Und es setzt Imagination voraus. Denn wir lernen, indem wir in uns selbst eine Repräsentanz eines Glases entwickeln. Jederzeit, auch bei geschlossenen Augen, können Sie sich ein

Glas vorstellen, sogar viele unterschiedliche: Wassergläser, Weingläser, Schnapsgläser … das haben wir trainiert. Und diese Gläser existieren in Ihnen als Imagination. Wann immer Sie dann im Außen einen Gegenstand sehen, der dieser Imagination entspricht, sagen Sie »Glas«.

Imagination ist die Fähigkeit, uns vorzustellen, was abwesend ist. Und Zukunft per se ist abwesend. Wie gesagt, niemand kann je in der Zukunft sein, daher sind wir bei der Zukunft ausschließlich auf unsere Imagination angewiesen. Das ist unser einziger Zugang. Ohne eine Vorstellung der Zukunft würden wir keine Entscheidungen treffen können. Sie wollen eine neue Wohnung beziehen: Sie werden sich diese vorstellen wollen; und sich überlegen, wie es sich anfühlt in diesem neuen Stadtteil. Sie grübeln über ein Investment: Auch dafür brauchen Sie eine Vorstellung der Zukunft. Was könnte daraus werden? Wie kann es sich entwickeln? Sie überlegen sich, ein neues Produkt auf den Markt zu bringen: Wieder benötigen Sie die Einsicht in die Zukunft. Wie werden Konsumenten sich verhalten? Welche Bedürfnisse werden zukünftig mehr werden? Oder Sie wollen sich stärker für den Planeten engagieren und Aktivist werden: Wieder benötigen Sie eine Vorstellung – wofür lohnt es sich zu kämpfen! Alles Fragen an die Zukunft. Diesen Fragen können wir uns sowohl mit Prognosen wie auch mit Potenzialen nähern. Gerade deshalb ist es aber unumgänglich zu verstehen, dass alle Zugänge zur Zukunft nur eines tun können: unsere Imagination unterstützen. Wer diesen Vorgang versteht, hat einen großen Schritt in seine eigene Zukunft gemacht.

ES GIBT KEINE OBJEKTIVE ZUKUNFT, AUCH NICHT IN ZUKUNFT

Wenn Menschen sich ihre Welt konstruieren, tun sie das meist alleine. Jeder nach seinen Voraussetzungen, Talenten und Welterfahrungen. Jeder Mensch ist einzigartig, daher konstruieren wir unsere Wirklichkeit nach individuellen Mustern. Daraus resultieren divergierende Wahrnehmungen, selbst in Bezug auf gemeinsame Erfahrungen. Denken Sie ans Kochen: Was dem einen schmeckt, kann für den anderen ekelhaft sein. Oder Mode: Was der einen gefällt, kann für den anderen hässlich sein. Allzu oft resultieren daraus Kämpfe um die Deutungshoheit. Wer hat den besseren Geschmack, wer hat recht? Wie bei Expertenstreits: selbst der Klimawandel wird angezweifelt. Wie kann das sein? Warum können gleiche Fakten zu unterschiedlichen Sichtweisen führen? Wirklichkeit ist subjektiv, nicht objektiv. Es gibt keine Objektivität, die von Menschen unabhängig ist. Welche Religion ist die objektive? Welches Gesetz das objektiv richtige? Was für den einen fair ist, kann für den anderen furchtbar sein. So bewegen wir uns in kollektiven Realitäten, die immer individuell interpretiert und verhandelt werden. Meinungen schichten sich übereinander und werden überarbeitet und überarbeitet. Was wir als objektiv bezeichnen, ist schlicht Konsens. Individuelle Weltwahrnehmungen werden aneinander angepasst, bis es passt. So ist es auch mit der Zukunft.

Zukunft ist nie objektiv. Selbst dann nicht, wenn sie ein Computer errechnet. Zukunft ist – ich wiederhole mich – Imagination. Und diese kann nicht objektiv sein. Jede Beobachtung wird durch einen Beobachter gemacht. Jeder Code wird durch einen Menschen geschrieben. Jedes Experiment durch einen Wissenschaftler durchgeführt. Um konsensual vorzugehen, hat man in der Wissenschaft die »Pear Reviews« eingeführt: Ein Fachartikel wird nur dann Anerkennung erreichen, wenn er wiederum von anerkannten Wissenschaftlern kritisiert wurde. Damit erreicht man einen hohen Grad an Reflexivität, aber nicht Objektivität.

Jeder Mensch ist individuell in seiner Art und Weise die Welt zu erkunden. Jede Beobachtung, die Sie machen, ist subjektiv. Dies in unserem Alltag als Grundlage zu akzeptieren ist nicht einfach. Selbst für hartgesottene Wissenschaftler:

Der Quantenphysiker Sean Carroll vom California Institute of Technology fordert selbst unter den Wissenschaftlern einen massiven Erkenntnisruck. »Wir beobachten einen Wandel von einer Weltanschauung, in der die Welt objektiv und unabhängig von unserer

Wahrnehmung existiert. Hin zu einer Anschauung, in der der Akt des Beobachtens die fundamentale Basis für Realität ist.« Und weiter: »Das erzeugt große Herausforderungen für Wissenschaftler (aber auch alle anderen), die glauben, dass das, was wir sehen, einfach nur real sei.«

Buh, durchatmen. Wir können die Welt nicht sehen, wie sie ist. Wir verwechseln Realität und Objektivität, wir verwechseln unsere Beobachtungen mit unseren Gedanken. Wir glauben, wir sehen ein Glas vor uns auf dem Tisch. Dabei gibt es kein Glas außerhalb unserer eigenen Realität, die wir in uns konstruieren. Was wir sehen, ist ein Gegenstand, dem wir den Namen »Glas« gegeben haben. Dazu ein Dialog, wie er ähnlich tatsächlich stattgefunden hat:

> »Schau mal, da draußen, das Auto, was ist das für ein Auto?«
> *»Ein blaues.«*
> »Aha, ein blaues. Und die Marke?«
> »Sorry, Harry, mit Autos kenne ich mich nicht aus. Meine Generation ist keine Auto-Generation mehr, weißt du doch!«
> *»Ah, spannend. Aber es ist dir klar, dass es Menschen gibt, die auf die Frage ganz anders reagieren würden.«*
> »Ja, aber ich kann mir das kaum vorstellen.«
> *»Da draußen steht ein 69er NSU Prinz, eine Rarität. In diesem Zustand unheimlich wertvoll, ein echtes Sammlerstück.«*
> »Aha. Na, für mich ist es nur blau, und ja, jetzt, wo du es sagst: auch alt. Gehört eigentlich von der Straße runter, find ich. Das kann jeden Sicherheitsanforderungen gar nicht mehr gerecht sein.«

Zwei divergierende Realitäten: ein Auto, das blau ist, alt und eigentlich wegmüsste. Oder: ein Sammlerstück, eine Rarität, etwas ganz besonders Schützenswertes. Solche sehr unterschiedliche Betrachtungen von Welt sind für uns ganz alltäglich. Wir sagen dann, dass es unterschiedliche Interessen, Geschmäcker oder Vorlieben sind. »Geschmack ist halt individuell.«

WIE GEWOHNTES ZU GEWOLLTEM WIRD

Die Erkenntnis, dass Geschmack etwas Individuelles ist, erleben wir als gegeben und daher als normal. Wir hinterfragen nicht mehr, wie diese unterschiedlichen Geschmäcker und Empfindungen entstehen. Die Basis dafür ist ein Ich, das sich seine eigene Welt baut und konstruiert. Dabei fallen Geschmäcker nicht einfach nur in die Wiege. Geschmack ist Gewohnheit, wie Europas führende Food-Trend-Forscherin Hanni Rützler weiß: »Was uns schmeckt, oder eben nicht schmeckt, hat mit unseren Gewohnheiten zu tun. Wir essen gerne, was wir oft essen. Nicht anders herum.«

Wir trainieren unseren Geschmack. Gewissermaßen konstruieren wir ihn, indem wir Gewohntes zu Gewolltem machen. Und so dressieren wir unsere gesamte Weltwahrnehmung. Unser Leben lang. Wir entwickeln Bilder und Repräsentationen der Welt »da draußen« in uns. Wir beobachten die Welt und erhalten über die Sinne Signale, die wir dann deuten. So lebt mein Dialogpartner von vorhin ganz offensichtlich in einer Umgebung, die kein eigenes Auto braucht. Wahrscheinlich eine Stadt. In seiner Weltkonstruktion ist das Auto nicht wichtig. Ja geradezu lästig. Er konstruiert sich die Welt ohne Auto, auf Basis der Gewohnheiten der Stadt, und erzeugt nun seine Meinung. Dabei ist seine Meinung eine Repräsentanz seiner gewohnten Weltumgebung und damit seiner Konstruktion von Wirklichkeit. Er baut sich eine Welt, wie diese für ihn »sein müsste«. Und natürlich wird er dann auch enttäuscht von einer Welt, die nicht so ist, wie sie sein sollte. »Es gibt eh immer noch zu viele Autos.«

Enttäuschungen sind übrigens ein probates Mittel, um zu erkennen, dass wir den Zugang zu einer objektiven Welt nicht haben. »Die einzige Form, wie wir der wirklichen Wirklichkeit begegnen können, ist die Negation«, sagt Watzlawick. Also: Wir imaginieren eine Erwartung, die wir dann im Außen so nicht aufrecht halten können. Klingt bekannt? Sie wollen gern ein Schokoladeneis, es gibt aber nur Mango. Sie sind enttäuscht. Nicht gravierend, nicht lebensbedrohlich. Aber doch: ENTTÄUSCHT. Sie erleben hier eine andere Wirklichkeit und das Konstrukt passt nicht mehr. Dies geschieht permanent. Das kann kleine Folgen haben oder sehr große. Denn, noch mal Watzlawick: »Wir suchen eine verlässliche Wirklichkeit.« Mein kleiner Sohn würde dann sagen: »Ich mag aber Schokolade!«, und beginnt zu weinen. Wenn diese verlässliche Wirklichkeit nicht mehr funktioniert, sind wir enttäuscht. Die bessere Variante: Enttäuschungen öffnen uns einen Möglichkeitsraum im Umgang mit der Welt. An unseren Enttäuschungen erkennen wir unsere Imaginationen. An ihnen können wir erfahren, wo wir unsere Weltkonstruktion weiterentwickeln können. Man nennt das dann: Lernen. Ob mein Sohn je Mangoeis essen wird, solange es Schokolade gibt, weiß ich nicht. Wenn er es tun würde, hätte er gelernt. Sein Weltbild ist um Mangoeis reicher geworden. Nutzen Sie Enttäuschungen: Sie erweitern ihr Weltbild und schaffen Raum für neue Möglichkeiten.

DIE KRAFT DER ENTTÄUSCHUNG

Enttäuschung bedeutet das Ende einer Täuschung. Wenn Sie sich als liebende Ehefrau erleben, aber betrogen werden. Wenn Sie gerne ein Mangoeis hätten, es aber nur Schokolade gibt. Das soll heißen: Immer dann, wenn wir enttäuscht werden, berühren wir einen neuen Möglichkeitsraum. Verschärft gilt dies, wenn Sie »ich bin« sagen. »Ich bin reich«, aber ich erlebe mich nicht als glücklich. »Ich bin innovativ«, aber keine meiner Ideen wird verwirklicht. »Ich bin Künstler«, aber …

Wenn wir enttäuscht werden. erleben wir uns ausgeliefert. Wir machen die negative Erfahrung mit einem uns ungewollten Möglichkeitsraum. Es ist verständlich. dass wir negative Erfahrungen lieber meiden als suchen. Die digitalen Filterblasen, die uns mittlerweile umgeben, sind genau dafür gemacht. Sie sind programmiert. um uns nie zu enttäuschen. Im Gegenteil: Sie nutzen jene Formeln, die uns per Code nur so viel Enttäuschung zumuten, wie wir ertragen können. Wie die Serie auf Netflix, die erst Woche für Woche konsumiert werden kann. Am Schluss der einen Folge sind Sie enttäuscht, aber Sie wissen: Es geht weiter! Oder die Anzahl an Posts bei Facebook, die je nach Aktivität eingespielt werden. Immer genug, um »am Clicker« zu bleiben. Nie zu viel Posts von

Freunden, damit Sie ja nicht überfordert werden. Diese digitalen Begleiter würden uns – zumindest absichtlich – nie vollends enttäuschen. Dazu sind sie nicht gebaut.

Enttäuschungen führen uns in die Notwendigkeit der Kompensation. Wir lernen. Wir müssen uns an eine »neue« Realität gewöhnen, sie ignorieren, verweigern. Dies geschieht im Kleinen wie im Großen. Wenn ich mir zum Beispiel ein Croissant mit einem Espresso bestelle, freue ich mich auf beides zur gleichen Zeit. Der Espresso heiß, das Gebäck dazu. Wenn entweder das eine oder das andere zu früh kommt, wird der Kaffee kalt oder das Gebäck ist gegessen. Meine Wirklichkeit wird negiert und ich muss kompensieren. Ich kaufe noch ein Croissant, ich ärgere mich und beschwere mich beim Kellner, ich gehe mit dem Ärger intern um und denke mir nur meinen Teil. Meine Realität wird enttäuscht. Dieses kleine Alltagsbeispiel steht exemplarisch für alle erdenklichen Situationen. Die Trennung von einem geliebten Menschen, die Kündigung des Jobs, den man so gerne gemacht hat, der Konkurs des eigenen Unternehmens, ein Konzert, das niemand besucht.

Oder eine kleine Kamera, die jemand in die spanische Villa gestellt hat – auch hier derselbe Mechanismus. Der ehemalige österreichische Vizekanzler wird aufgezeichnet, wie er seine prahlerische »Ich-bin-der-Größte«-Realität zum Besten gibt. Und wenn diese Realität enttäuscht wird, sind die anderen schuld. Wer sonst. Nicht das Rauschmittel, nicht die eigenen Fantasien von Macht, in die man sich so verliebt hat. Bis zum bitteren Ende glaubt dieser Herr daran, dass seine Realität die objektiv wahre ist. Und mit ihm ganz offensichtlich Tausende ÖsterreicherInnen, die ihn dennoch – oder deswegen – gewählt haben. Auf beiden Seiten sehen wir das gleiche Spiel: Herr Strache hält an seiner Realität fest, statt zu zweifeln oder neue Möglichkeitsräume schätzen zu lernen. Seine Anhängerinnen machen es ihm gleich, denn auch sie haben für sich die jeweils eigene Vorstellung. So ist dieser Zwischenfall dann schnell kleingeredet. Aus dem Staatsakt wird ein Missverständnis, eine »b'soffene G'schicht«. Alles um die eigene Realität nicht zu gefährden. Objektives Wissen hilft hier nicht. Denn das Video aus Ibiza ist jedem zugänglich. Es enthält dieselben Informationen für alle. Es wäre offensichtlich objektiv, aber eben nur vermeintlich. Denn diese Informationen werden individuell mit Bedeutung belegt. Wir sehen nicht alle dasselbe Video, jeder sieht seine Version. Ich meine Fassung. Sie die Ihre.

Mit Enttäuschungen klug umzugehen, bedeutet zu lernen. Mit Ent-Täuschungen erweitern wir unsere Wirklichkeit. Verpassen Sie die Lernchancen nicht, die Ihnen das Leben liefert!

WIRKLICH WIRKLICH

Wir konstruieren unsere Wirklichkeiten selbst, aber natürlich nicht in einer Schule. Wir tun dies jeden Tag, immer wieder, und adaptieren unsere Weltsicht. Die Basis dafür ist unsere Erfahrung einer Außenwelt, die wir nur durch unsere innere Repräsentanz erleben. Wir sehen, fühlen, hören, riechen oder schmecken etwas. Wir bauen innere Eindrücke der Sinne und entwickeln emotionale Reaktionen. Wir werten und bewerten. Wir finden das eine gut, das andere schlecht. Wir konstruieren unentwegt. Und diese Konstruktionen verhärten sich mit der Zeit. Sie werden zu unseren Meinungen, allmählich zu Werten und dann zu Handlungen. Denn was wir täglich tun, oder auch nicht tun, ist ein Ergebnis unserer inneren Realität. Wir adaptieren die Eindrücke unserer Umgebung und entwickeln daraus Wirklichkeit. Dr. Lotto sagt es radikal: »Die (äußere, Anm.) Realität nicht zu sehen ist eine Grundvoraussetzung für unsere Anpassungsfähigkeit.« Durch die Kraft der Imagination erzeugen wir eine Repräsentanz der wirklichen Wirklichkeit. Wie eine gigantische Simulation läuft die Welt in uns ab. Darin bewegen wir uns und lernen. Wir passen uns an und entwickeln uns weiter. Wobei wir in dem Fluss des Lernens immer wieder Sicherheiten suchen. Gewissheiten, an denen wir nicht mehr rütteln wollen. Die wichtigste Form dieser Sicherheit ist unser Selbstbewusstsein – also das Wissen, dass es ein Ich gibt.

ICH BIN ...

Wenn ein Satz mit »ich bin« beginnt, kommt danach etwas sehr Wichtiges. Keine Frage. »Ich bin« ist die höchste Form der Identifikation. Aber womit? Ja, richtig. Mit unserer eigenen Wirklichkeit. Wie beispielsweise »ich bin schüchtern«, »ich bin ein Lehrer«, »ich bin Profi«, »ich bin nicht gut genug« usw. Die Formulierung »ich bin« weist unweigerlich darauf hin, dass wir uns mit einer Realität, die wir erzeugen, zu 100 % identifizieren. Jeder von uns.

Als ich Anfang zwanzig war, habe ich einen Kurs des Neurolinguistischen Programmierens (kurz NLP) besucht – jung und neugierig. Mein Interesse war aber schnell wieder erloschen. Unter anderem aufgrund folgender Erfahrung. In dem Kurs dämmerte mir: Die Kursteilnehmer eignen sich nicht nur ein Wissen an. Sie schlüpften in eine neue Identität. Sie sagten dann »wir NLPler«. Für mich befremdlich und ich habe das auch nie für mich in Anspruch genommen. Aber viele der Kursteilnehmer machten es, ohne nur einen Moment zu überlegen. Das war für mich ein Aha-Erlebnis; ich ging diesem Phänomen nach. »Das Kind in der Schule lernt nicht Mathematik, sondern es lernt, mit einem Mathematiklehrer zusammenzuleben.« Dieser Satz von Humberto Maturana macht für mich viel Sinn. Wenn Menschen gemeinsam einen Kurs machen, erlernen sie kein theoretisches Wissen. Sie erhalten Signale aus der Umwelt, die sie dann mit Bedeutung aufladen, jeder für sich. Diese Bedeutung ist abhängig von den erinnerten Mustern in jedem Einzelnen. Niemand startet bei null. Besucht man freiwillig einen Kurs, öffnet man seine Schranken. Es soll etwas Neues in sein eigenes Leben kommen. Doch das Neue ist weniger ein Wissen als vielmehr eine Erfahrung. Das gemeinsame Erlebnis, die Gruppe, die Offenheit und Vertrautheit – dabei findet eine Übertragung statt: vom Sender zum Teilnehmer, unterstützt durch Unterlagen, ein eigenes Vokabular und geschulte Lehrer. Menschen identifizieren sich nicht auf Basis des Inhalts, man kauft das ganze Paket. Und dies mit abwesendem Bewusstsein. Das Ergebnis: »Wir NLPler«. Warum sieht das niemand in der Gruppe? So dachte ich damals. Aus der Distanz von vielen Jahren wird klar:

Gruppenerfahrung gepaart mit einer identifizierbaren Struktur. In dem Fall sogar ein Begriff, eine ganz eigene Sprache. Da sortiert man sich neu und adaptiert seine Realität. Das Muster finden wir immer wieder: »Ich bin FDPler«; »ich bin Gründer«; »ich bin Jäger«; »ich bin Hipster« oder »ich bin Camper«.

SPRACHE FORMT WIRKLICHKEIT

Dieses Beispiel ist auch ein Beleg für unsere Sprache. Ob wir Bücher lesen oder E-Mails: Unsere Wirklichkeit bildet sich in der Sprache ab. Wir nutzen Wörter. Text. Unsere Konstruktionen sind innerhalb unserer Sprache, die unser Baumaterial ist, mit der wir unsere Wirklichkeit beschreiben. Je besser ein Umfeld auf Sprache (Marke, Brand, Wort-Bild …) ausgerichtet ist, desto leichter fällt uns die Identifikation. Darum investieren große Marken auch so viel in ihr »Brand Experience«. Wenn uns eine Marke erst mal auf Basis der Identifikation überzeugt hat, wird diese zum Teil unseres Lebensgefühls. Dann gehen wir in ein Design-hotel und identifizieren uns mit dessen Umgebung. Oder wir kaufen Bio, weil wir uns mit der dahinter liegenden Philosophie identifizieren. Der Prozess der Identifikation hängt eng an Begriffen: Ich bin Bio-Fan, ich bin Design-Liebhaber. Und schon erzeugen Worte eine ganz Welt an Assoziationen. Worte kondensieren unsere inneren Simulationen von Welt. Umso mehr, als diese mit »ich bin … « in Verbindung stehen. Wir suchen nach Stabilität. Niemand möchte jeden Tag seine Identität wechseln. Was ich bin, bin ich nun mal, basta.

Es gibt also eine dominante Variable: Wir wollen eine Welt, die gesichert ist. Wir suchen eine Realität, an die wir glauben können. Das Annehmen einer stabilen Fremd-Realität ist dafür ein probates Mittel. Wer Design-Liebhaber ist, kann sich in einem Realitätssystem ausruhen und sich auf dessen Strukturen verlassen. Man kennt die nächsten möglichen Schritte. Man findet sich unter anderen, die sich derselben Identität bedienen. Kurzum: Ich bin nicht alleine. Du bist Fan. Großartig. Ich auch!

IDENTITÄTEN VERDICHTEN WELTANSCHAUUNGEN

Mit dieser Einsicht ausgestattet lernte ich die Welt neu kennen. Selbst die Religion ist eine Identität, die dem Gläubigen hilft, sich einer inneren Sicherheit gewahr zu sein. Diese Sicherheit der meisten Religionen liegt vor allem darin, dass am Ende des Lebens alles gut wird. Darauf kann man sich verlassen. Das gibt den Menschen einen inneren Frieden. Damit ist nicht nur die Identität gesichert, sondern auch die Zukunft. Zumindest die ferne. Religionen sind Stifter von Sicherheit in Bezug auf die eigenen Realitätskonstruktionen. Für viele. Daher sagen Gläubige »ich bin … « (Christ, Moslem …)

Auch in der Führung von Unternehmen spielt diese Identifikationsbildung eine gewichtige Rolle. Wer kennt nicht die Mitarbeiter von Harley-Davidson, die sich das Logo des Motorradherstellers eintätowieren lassen. Schon ein echtes Zugeständnis. Ganz offensichtlich sind diese 100 % sicher: »Ich bin Harley-Davidson« für immer. Das nehmen sich immer mehr Organisationen als Vorbild. Das Modewort unserer Zeit: Purpose (bedeutet Zweck, im Deutschen oft als Sinn verstanden). Damit will man Identifikation schaffen, Mitarbeiter finden und binden. Man ist sich heute einig, dass ohne Purpose nichts mehr geht. Ausgerechnet der CEO des großen Finanzunternehmens BlackRock, Larry Fink, fordert, dass Unternehmen, in die man investieren will, einen Purpose jenseits von Profit haben müssen. Andernfalls würde man nicht investieren. Auch Ahmadi Vafa, Direktor des französischen Fonds ALMUNDI, erklärte mir auf einer Veranstaltung, dass man nur mehr in »purpose driven companies« investieren wolle. Zum Wohle der Welt. »Natürlich«, so meint er auch, »ist das für die Finanzbranche gar nicht so leicht durchzuhalten.« Aber warum wollen selbst große Finanzfonds diesen Purpose einfordern? Der Sinn von Unternehmen sollte den Menschen und damit dem Planeten helfen. Untersucht man die Absicht hinter diesen Maßnahmen genauer, so geht es hier wieder um Identifikation. In dem Fall wollen Unternehmen sich am Zeitgeist orientieren, damit ihre Mitarbeiter sich mit den Unternehmen identifizieren. Waren einst Renditen alles und guter Lohn genug, geht es heute um Seins-Werte. »Ah, ja, ICH BIN sehr gern hier in dem Unternehmen. Der Purpose stimmt mit meiner Weltsicht überein.« Selbst wenn der Lohn geringer ist als der Marktwert.

Sie werden sich vielleicht fragen: Warum diese Beispiele, warum der Umweg über Purpose und Sinn. Auch hier wirkt das »ich bin«. Identifikation ist »ich bin ... dies und je – «. Wir kommen uns nicht aus. Wo wir auch hinschauen, überall wir selbst. Im Job wie im privaten Leben. Wir bewegen uns in Gruppen und Räumen, die uns zurufen: »Komm, sei einer von uns!« Und wir können sagen: »Ja, bin ich.« Grünwähler, Schwarzseher, Sextoyshopper. ITler, HRler oder Chef. Ich bin, ich bin. Immer wieder: Ich bin. Auf Ebene von Staatsbeziehungen genauso wie im Kindergarten. »Ich bin auch eine Gelbweste.« Meinte der französische Präsident Emmanuel Macron Anfang 2019. Die »wirklichen« Gelbwesten hatten allerdings nur Spott für diese Solidarität übrig. »Ich bin hier der Chef«, hört man immer wieder mal auf Kinderspielplätzen. Manchmal stimmt es. Und manchmal nicht.

Die Konstruktion der Identifikation – der Prozess hinter dem »ich bin« – wird kaum hinterfragt. Warum auch, man ist sich dessen ja ohnehin sicher! Oder, Herr Maturana? »Was meint man eigentlich, wenn man behauptet, man sei sich einer Sache ganz sicher? Man sagt: Zweifel sind unnötig; die eigenen Überzeugungen haben eine derartige Präsenz, dass es vollkommen sinnlos wirken muss, über die Bedingungen ihrer Entstehung nachzudenken.« Und weiter: »Wer dann noch die anderen von ihrer vermeintlichen Ignoranz und ihrer falschen Wahrnehmung der Welt befreien will, der wird gefährlich: Die Realitätsgewissheit dient dann dazu, Ausbeutung und Unterwerfung, Kriege und Kreuzzüge zu rechtfertigen.« Es muss ja nicht gleich Krieg sein. Aber: Das Nichtwissen über diesen Prozess der Realitätskonstruktion ist der Stoff, aus dem Filme, Dramen, Thriller gebaut werden. Tonnenweise Serien fußen auf diesen Verwechslungen.

DER STOFF, AUS DEM DIE DRAMEN SIND

Nach 15 Jahren im Dienst wird der Anchorman der »The Morning Show«
wegen sexueller Übergriffe entlassen. Das Drama beginnt. Apple hat
seine erste selbstproduzierte Serie. Was nun kommt, kann es nur geben,
weil sich der Anchorman mit seiner Rolle identifiziert hat. Für ihn und
seine Kollegen bricht eine Welt zusammen. Plötzlich ist er niemand mehr.
Alles ist verloren. Wir ahnen schon, wie sich das entwickelt. Der Plot
der Geschichte ist so simpel wie stark: Wir alle können derlei Identifikationen nachvollziehen. Wir können sofort mitfühlen, dass dem inneren
Frieden der Hauptdarsteller der Kriegszustand folgt. Für ein Drama eine
tolle Ausgangslage. Im eigenen Leben will man das nicht haben. Und
doch: Täglich brüllen wütende Reisende Flugbegleiter an, entsetzte
Gäste beleidigen Kellner und so weiter. Diese Wutausbrüche reflektieren Unsicherheit und Schutzlosigkeit. Wer wütend reagiert, ist eigentlich
unsicher. Wer sich seiner Sache sicher wirkt, kann im Kern verletzlich
oder ignorant sein. Enttäuschungen aktivieren den inneren Widerstand
unserer »Ich bin«-Identifikationen. Der Umgang damit entscheidet,
ob wir in der Enttäuschung die Möglichkeit sehen, oder für den Erhalt
kämpfen. Im Fall der Apple-Serie »The Morning Show« wird gekämpft.
Sonst wäre es keine erzählenswerte Geschichte. Für unsere Zukunft ist
es gut, Alternativen zu haben. Wie können wir lernen, unseren Selbst-
identifikationen nicht ganz ausgeliefert gegenüberzustehen? »Ein Hoch
auf den Zweifel!«, schreibt der Neurowissenschaftler Lotto. Dem wollen
wir nachgehen.

WER NICHT AN SICH ZWEIFELT, IRRT SICHER

Zwischenfazit: Wir konstruieren unsere Wirklichkeit und sehen dann,
was wir für wirklich halten. Wir nehmen wahr, was unsere Wahrnehmung im Laufe unseres Lebens trainiert hat. Wir bilden verdichtete Realitäten und sagen dazu: »Ich bin.«

»Ich bin« ist die stärkste Form der Identifikation. Alles was wir
danach ernsthaft sagen, ist das Konzentrat unserer eigenen Wirklichkeit.

Egal ob Bezeichnungen oder Eigenschaften. »Ich bin« risikofreudig ist ebenso eine Realitätskonstruktion wie »ich bin« ein fürsorglicher Vater. Auch wenn jemand sagt, ich bin ein »Gelber Engel« (ADAC-Pannenhelfer), zeugt dies von einer Wirklichkeit, die sich in einem Namen, einem Begriff, repräsentiert. Und da wir im Außen nach dieser Repräsentation handeln, wird sie für andere sichtbar.

Vielleicht haben Sie schon gegrübelt: Hat das eigentlich was mit Zukunft zu tun? Ja, hat es. Weil Identifikationen die Basis unserer Zukunftsbetrachtungen sind. Stellen Sie sich vor, Sie wären einer der »Gelben Engel«. Und stellen Sie sich folgende Schlagzeile in der Auto Bild vor: »Mercedes-Chef mutig: Ab 2025 wird kein Auto mehr eine Panne haben.« Was würde das für Ihre Zukunft bedeuten? Nichts Gutes, nehme ich an, denn die innere Stabilität wäre gefährdet. Durch diese Art der Zukunftsprognose wäre Ihre Vorstellung von sich selbst in Gefahr. Was wir nun üblicherweise tun: Wir kämpfen für unsere Realität, an die wir glauben. Und genau jetzt brauchen wir den Zweifel:

Was bedeutet »Gelber Engel« eigentlich? Warum bin ich das jemals geworden? Was könnte das für die Zukunft bedeuten? Zweifel führen uns tiefer in das Verständnis unserer Realitätskonstruktion. Je mehr wir an den Konstrukten zweifeln, desto näher kommen wir uns selbst. »Ich bin ein gelber Engel« ist eine Realität, für die wir uns selbst entschieden haben. Alles, was wir konstruieren können, können wir auch dekonstruieren; umgestalten, formen. Dabei muss man nicht gleich seinen Beruf an den Nagel hängen. Aber stehen bleiben. Nicht einfach weitertun und bangen. Der Zweifel lädt uns ein, die Situation zu untersuchen. Er führt uns in einen größeren Möglichkeitsraum. Nur achtgeben, dass Sie sich nicht mit dem Zweifel identifizieren. Er dient als Berater, nicht als Identität. Also nicht »ich zweifle an mir«. Nein: Es geht darum, in einen Zustand zu gehen, in dem man sich selbst als »Nicht-Gelber-Engel« betrachtet. Was wäre wenn? Wozu das? Mit derartigem Zweifel erweitern wir unser Blickfeld und lösen harte Realitätsbildungen auf. »Echte Selbstverwirklichung benötigt Selbstdistanzierung«, sagt der Entwickler der Logotherapie Viktor Frankl. Wer den Zweifel als Berater engagiert, kommt immer wieder auf Distanz zu sich. Sie können Ihre eingefahrenen

Muster und Selbstdeutungen entdecken. Sie erleben sich dabei in einer Unschärfe zu sich selbst. Was kommt dadurch in den peripheren Blick? Welche Konturen verdeutlichen sich in der Unschärfe des Zweifels? Wer nicht an sich zweifeln kann, irrt sicher.

TECHNOLOGIE IST NICHT DIE ZUKUNFT

Das Erkennen dieser Realitätskonstruktionen ist essenziell für Ihre Zukunft. Warum? Zukunft ist selbst eine Konstruktion. So wie wir keinen direkten Zugang zur wirklichen Wirklichkeit haben können, so kann auch niemand in der Zukunft sein. Die Zukunft ist immer Imagination – wir stellen uns Zukunft vor. Diese Erkenntnis ist nicht ganz frisch: »Die Erinnerung bringt die Qual der Angst zurück, die Voraussicht nimmt sie vorweg; niemand ist nur wegen der Gegenwart unglücklich«, schrieb schon Seneca vor fast zweitausend Jahren in seinen Briefen an Lucilius. »Die Voraussicht nimmt die Angst vorweg.« Die Zukunft als Imagination nimmt vorweg, was vielleicht – vielleicht aber auch nicht – geschehen wird. Glauben wir an Probleme in der Zukunft, leiden wir schon heute. Glauben wir an eine Zukunft, die immer schlechter wird, wenden wir uns von ihr ab. Wir blicken auf die Zukunftsleinwand, die vor uns steht. Wir malen uns die Zukunftsbilder mit den gegenwärtigen Zutaten – aktuelle Ereignisse, fiktionale Storys, alltägliche Prognosen und vor allem: Technologie. Viele verwenden die Begriffe Zukunft und Technologie sogar gleichbedeutend, als wären es zwei Seiten einer Medaille. Genau genommen stimmt das nicht:

Zukunft ist eine Vor-Stellung von einer abwesenden Zeit.

Technik bedeutet von Menschen gemachte Maschinen, Apparate; Fertigkeit und Gewandtheit. Man spricht sogar von Technik als menschliche Weltbemächtigung.

Technik ist nicht Zukunft. Viele glauben dennoch, dass die Zukunft von einer Technik ohne Menschen entschieden wird. Stoff für unzählige Theorien. Sie schauen auf ihr Smartphone, lesen Berichte über Roboter und Künstliche Intelligenz und die chinesischen Überwachungstechniken und sagen sich: »Na ja, das ist objektiv richtig.« Zukunft ist aber nicht objektiv. Auf Objektivität können wir uns nicht verlassen: Immer gibt es einen Beobachter, der etwas interpretiert: Jede Wahrheit ist subjektiv. Unsere aktuellen Technologien machen hierbei einen sonderbaren Job, denn die Art unserer Informationsmedien spiegelt unseren Vorgang der Realitätserzeugung, sie perfektionieren und präzisieren diesen, indem sie uns vermessen und die Muster des typischen Verhaltens bündeln. Damit spiegeln sie unsere Gewohnheiten. Und wie wir erfahren haben: Unsere Gewohnheiten formen unsere Wirklichkeit. In dieser spielt Technik jeden Tag eine Rolle. Somit wirkt es als objektiv bestätigt, dass Technologie die Zukunft ist.

Das aber ist zu kurz gegriffen! Digitale Prozesse liefern uns das uns Gewohnte frei Haus, stellen aus der Fülle der Möglichkeiten (an Videos, News, Musik, Büchern, Rasenmähern, Autos, Liebespartnern, Witzen …) für uns angepasste Blumensträuße zusammen und untermauern die bereits vorhandenen Realitäten. Dieser Effekt kann hilfreich sein, wenn es darum geht, zu konsumieren, ist aber kontraproduktiv, wenn es um Ihre Zukunft geht. Digitale Blasen sind so komfortabel gebaut, wir brauchen uns selbst nicht mehr anzustrengen. Wir nehmen dadurch als objektiv, was nur subjektiv zu haben ist. Denken wird abgeschafft, Selbstreflexion unnötig. Wir brauchen Serverfarmen in den USA, um uns per App zu sagen, wann wir mal Pause brauchen. Oder haben Sie noch nie eine Mindfulness-App verwendet? Wir werden denkfaul und selbstbetäubt.

Wir verlassen uns darauf, dass Alexa schon den Song findet, der uns gefällt. Oder eben den Partner für das nächste Date. Wir suchen, was uns finden will – Technik ist immer dabei. Wie die neuesten Super-Airpots von Apple. Hier wird uns sogar mitten ins Gesicht versprochen, dass wir von der Realität da draußen nichts mehr mitbekommen werden. Schauen Sie selbst. Auf der Apple-Website ist zu lesen: »Die AirPods Pro sind die einzigen In-Ear-Kopfhörer, deren aktive Geräuschunterdrückung sich laufend an die Geometrie deiner Ohren und die Form der Ohreinsätze anpasst. So wird die Welt um dich herum ausgeblendet, und du hörst nur, was du hören willst.« Die Technik passt sich an mich an, um mir dann die Welt auszublenden. Somit ist die Technologie allgegenwärtig und tonangebend. Wir können uns eine Zukunft ohne Technik nicht mehr vorstellen. Daher machen wir die Technik zur Zukunft. Dieser Täuschung sollten Sie nicht auf den Leim gehen. Zweifeln Sie!

ANTI-ENTTÄUSCHUNGS-WELT

Die uns umgebenden Technologien wollen uns nicht enttäuschen. Und darin sind sie wirklich gut. Das Navi funktioniert, das Smartphone klingelt, die Kreditkarten laufen heiß. Deshalb halten wir an all dem fest – gerade wenn es um die Zukunft geht. Aber: Je weniger Enttäuschung und Unsicherheit in unserem Leben ist, desto mehr stagnieren wir. Damit überlassen wir anderen unsere Zukunft: Ob Facebook oder Strache, Google oder _____ (setzen Sie hier Ihr meistgelesenes Medium ein). Je mehr Enttäuschung und Unsicherheit Sie aushalten, desto weiter ist Ihr Möglichkeitsraum. Lassen Sie sich dabei nicht von Ihren Emotionen verführen. Die sagen: Nein, ich will das nicht. Unsicherheit ist blöd. Konstruieren Sie das um. Unsicherheit ist cool. In ihr entsteht das Neue. Enttäuschungen sind die Einladungen des Lebens, den eigenen Horizont zu erweitern. Ein Leben ohne Enttäuschung gibt es nicht. Sollten Sie es dennoch versuchen, werden jene Enttäuschungen, die Sie dann erleben, tornadoartig über Sie hereinbrechen.

Vermeiden Sie Enttäuschungstornados und umarmen Sie die kleinen Brisen. Mehr ist weniger! Sowohl die Unsicherheit wie auch Enttäuschungen sind Werkzeuge Ihrer Zukunft. Sie helfen den Blick zu weiten und eröffnen Möglichkeitsräume. Sie zeichnen neue Bilder auf Ihre Leinwand. Sie können darauf vertrauen, dass niemand einen objektiven Zugang zur Zukunft hat. Schon gar nicht zu ihrer persönlichen: »Objektivität ist die Wahnvorstellung, Beobachtungen könnten ohne Beobachter gemacht werden. Die Berufung auf Objektivität ist die Verweigerung von Verantwortung – daher auch ihre Beliebtheit.« Diesen längst berühmten Satz formulierte der Biophysiker Heinz von Förster. Er stammt aus einer Erklärung für die American Society of Cybernetics. Es gibt sie nicht, die objektive Zukunft. Aber es gibt Ihre ganz persönliche Zukunft. Die dickste Bündelung davon ist das »Ich bin«.

Die Enttäuschung der eigenen Realität führt in eine Kompensation: In der Enttäuschung tun wir viel, um kreierte Identitäten aufrecht zu halten. In Momenten der Kompensation sammeln wir all unsere Energie und agieren im Ausnahmezustand. Können wir unsere Vorstellung von uns selbst dadurch nicht retten, endet die Kompensation und wir geraten in eine De-Kompensation. Also in einen Zustand, in dem man die Kontrolle über seine Wirklichkeit aufgibt. Die Folge könnten Depressionen sein oder Burn-out, oder Schlimmeres. Der Verbrauch von Antidepressiva hat sich in den letzten 15 Jahren weltweit verdoppelt (OECD, verifizieren). Das ist zumindest ein Hinweis dafür, dass viele Menschen mit ihren Alltagsenttäuschungen nicht mehr klarkommen. In der mittleren und gehobenen Mittelschicht der USA gibt es kaum mehr jemand, der nicht zur stabilisierenden Pille greift. Der letzte Schrei ist ein Nasenspray mit antidepressiver Wirkung. Eine 60-jährige Nutzerin beschreibt das so: »Du kannst fühlen, wie es dich übermannt, es ist ein starkes Medikament«, und sie erzählt von Farben und Formen, die vor ihren Augen schweben. »Ich lasse das Medikament einfach arbeiten, schließe meine Augen und spüre, wie es meinen Verstand unglaublich beruhigt.« Den Verstand zu beruhigen bedeutet, die Unsicherheit des Alltags zu kompensieren. Die Sehnsucht nach einer stabilisierenden Realität. Wir umgeben uns mit Technologie, die uns nicht enttäuscht. Und wir bekämpfen den inneren Kampf mit Pillen und Rausch. Spätestens jetzt sollten wir gelernt haben: Wirklichkeit ist konstruiert, zur Not mit Silikon und Chemie.

PLÄDOYER FÜR DIE ZUKUNFT

Wir sorgen uns, ob wir im Job gut genug sind, ob unsere Kinder die richtigen Freunde haben, ob unsere Wohnung nicht zu groß oder zu klein ist. Wir sorgen uns, ob Europa den Kampf der Weltmächte bestehen kann, ob es in Zukunft noch genug Arbeitsplätze gibt und ob uns der Wohlstand noch lange erhalten bleibt. Wir denken darüber nach, ob wir auch mit 90 noch fit genug sein werden und wie wir das Klima retten können.

All diese Sorgen fressen Energie und saugen Aufmerksamkeit ab – in den meisten Fällen von Ihrer persönlichen Zukunft. Sorgen sind Zukunftsbarrieren. Um uns Zukunft vorzustellen, benötigen wir Energie. Unser Gehirn verbraucht immerhin 20 bis 25 % der Körperenergie. Es ist anstrengend, sich Zukunft vorzustellen, weshalb wir sie so gerne planen. Für unsere Zukunft sollten wir aber mehr Kompetenz entwickeln. Das 21. Jahrhundert verlangt uns schon jetzt viel ab. Die Komplexität des Alltags, die permanente Kommunikation mittels Maschinen. Computer everywhere. Um sich im Möglichkeitsraum zu bewegen, brauchen Sie Zeit und Energie. Wir benötigen Lust und Freude an der Entwicklung neuer Vorstellungen. Ohne Sorgen und düstere Zukunftsbilder kommen wir Menschen nicht aus. Diesen unsere ganze Zukunftskraft zu geben, ist aber übertrieben. Probleme lösen wir nicht, indem wir sie uns jeden Tag ein bisschen größer denken, dadurch werden sie zu Tunnelblicken und wir können über nichts mehr anderes nachdenken. Probleme lösen wir, indem wir ihrer Konstruktion auf die Schliche kommen.

Zum Beispiel, indem wir Fragen stellen: Ist das Problem, das mich gerade beschäftigt, im Bereich des Normalen? Dann löst man dies einmal und schließt das Thema ab. Ist das Problem außergewöhnlich und für uns unbeeinflussbar? Wie ein Streik einer Airline oder der Konkurs eines Lieferanten. Dann gilt ein Ausnahmezustand und es gilt, erfinderisch zu werden.

Handelt es sich um ein chronisches Problem, welches immer wieder und vielleicht schon über Jahre auftaucht? Dann begibt man sich am besten auf die systemische Suche. Das bedeutet: Sie versuchen herauszufinden, ob Ihnen alle Faktoren bekannt sind, die dazu führen, dass etwas immer wieder geschieht. Sie fragen nach Strukturen und Prozessen. Sie überlegen, ob es grundlegende kulturelle Irritationen gibt. Und Sie können fragen, welche Ihrer »Ich bin«-Identifikationen davon am meisten betroffen ist. Je tiefer Sie ein Problem verstehen, desto näher sind Sie an der Lösung.

Der Ausflug ins Problem soll Ihnen einen Hinweis geben: Wenn wir Problemen ausgesetzt sind, müssen wir uns diesen stellen. Dafür brauchen wir Zeit. Dahingehend lohnt es sich, Kompetenzen zu entwickeln. Sorgen andererseits sind keine akuten Probleme. Diese nehmen uns die Kraft, die wir dringend brauchen.

BÄUMCHEN PFLANZEN UND ZUKUNFT SÄEN

Eine kleine Analogie zur Abrundung: Stellen Sie sich vor, Sie haben einen Garten und wollen einen Baum pflanzen. Sie setzen sehr wahrscheinlich ein kleines Pflänzchen ein. Dann hegen und pflegen Sie dieses. Sie gießen es. Sie achten darauf, dass keine Tiere zu nahekommen. Sie kümmern sich darum. Mit jedem Jahr wächst das Bäumchen etwas mehr. Nach ein paar Jahren steht ein Baum in Ihrem Garten. Rückwirkend könnte man sagen, Sie haben Ihre Zukunft gestaltet. Sie wollten einen Baum, nun haben Sie ihn. Aber es fühlt sich gar nicht so an, als wären Sie nun in der Zukunft. Denn während der Baum gewachsen ist, sind so viele Dinge in Ihrem Leben geschehen. Sie haben getanzt, geweint und geliebt. Sie haben Stunden vor dem Fernseher verbracht und sind in die Arbeit gependelt. Sie haben Ihren Urlaub genossen und sich mit Freunden getroffen und Ihre Familie organisiert. All das haben Sie getan, während ganz in Ihrer Nähe dieser kleine Baum gewachsen ist. Jeden Tag ein bisschen.

So ähnlich können wir uns unsere Zukunft vorstellen. Jeden Tag ein bisschen wächst in uns, was wir unsere Zukunft nennen. Wir pflanzen Gedanken wie kleine Bäumchen, bilden Identifikationen und pflegen diese. Fast nebenbei. Wir treffen Entscheidungen und trainieren für das Kommende. Und wenn es dann da ist, können wir es kaum als Zukunft erkennen. Dann ist es einfach geworden. Es ist auch nicht mehr unsere Zukunft. Wie auch der Baum nicht in der Zukunft vor uns steht, sondern im Hier und Jetzt.

Es gibt kein anderes Erleben als dieses Hier und Jetzt. Die Zukunft ist die Imagination, mit der wir das Hier und Jetzt formen. Sie ist das

Pflänzchen, das wir einsetzen. Und während das eine bereits zum Baum gewachsen ist, gibt es immer neue Pflänzchen, die wir pflanzen. Viele davon, ohne dass wir es wirklich bemerken: Diese kommen aus Glaubenssätzen, die wir bilden. Oder aus Identifikationen, die wir pflegen. Manche kommen auch aus Entscheidungen, die wir bewusst treffen. Alle kommen aus einer Imagination, die wir Zukunft nennen.

Gehen Sie behutsam mit den geistigen Pflänzchen um. Die Zukunft in uns ist fragil. Und sie ist einem enormen Stresstest ausgesetzt. Gerade jetzt, wo ein wahres Gezerre um die richtige Zukunft entfacht ist. Hier ein paar Gedanken, die Sie sich bei der Konstruktion Ihrer Zukunft zu Herzen nehmen können:

- *Planen Sie nur so viel, wie wirklich nötig.*
- *Treffen Sie selbst kleine Entscheidungen aufmerksam.*
- *Erkennen Sie Ihre »Ich-bin«-Konstruktionen von Wirklichkeit.*
- *Zweifeln Sie an zu fixen Glaubenssätzen.*
- *Nutzen Sie die Kraft von Enttäuschungen.*
- *Lassen Sie sich nicht durch Objektivität beirren.*
- *Entziehen Sie der Technologie ihren Zukunfts-Automatismus.*
- *Überwinden Sie Sorgen und widmen Sie sich echten Problemen.*
- *Nehmen Sie sich Zeit für Ihre Zukunft!*

0/1/2/3/4/5/

ICH BIN ZUKUNFT

Was ist das Buch, das du gerne schreiben möchtest?«

Kurze Pause. »Ich bin Zukunft.«

»Wie, ich bin Zukunft? Du willst schreiben, dass du Zukunft bist?«

»Nein, natürlich nicht. Nicht ich, Harry, bin Zukunft. Jeder von uns ist Zukunft. Und das würde ich gerne erzählen.«

»Aber was soll das bedeuten, jeder ist Zukunft?«

»Eigentlich ist das ganz einfach. Du gehst ja auch davon aus, dass du noch ein paar Jahre leben wirst, nicht wahr?«

Nickt zustimmend.

»Na also. Du würdest normalerweise sagen: Ich habe noch eine Zukunft vor mir. Aber so stimmt das nicht. Denn Zukunft ist nur eine Imagination. Wir haben diese Zukunft nicht vor uns. Wo soll das ›vor‹ denn sein? Zukunft kommt auch nicht auf uns zu. Woher soll die denn kommen? Wie tut sie das? Zukunft ist, was wir sind. Zukunft ist unsere Vorstellungskraft. Zukunft ist, was wir tun und mit was oder wem wir uns identifizieren. Zukunft ist, streng genommen, was wir sind. Und das würde ich gerne schreiben.«

»Das verstehe ich nicht. Zukunft ist doch geprägt von viel mehr Faktoren, die wir gar nicht beeinflussen können. Wie sollte ich jemals behaupten können, dass ich Zukunft bin? Denk doch an die Technologien. Denke an den Klimawandel und die globalen Entwicklungen. Das bin doch nicht ich. Da wäre ich ja größenwahnsinnig.«

»Natürlich bist das nicht du. Aber allein schon, dass du all diese Dinge mit Zukunft in Verbindung bringst – das bist du. Du machst aus all dem deine Zukunft. Denn Zukunft ist nur eine Vorstellung. Was darin vorkommt, ist deine Imagination. Wenn das also alles zu deiner Zukunft gehört, dann bist du das alles.«

»Hmm – das klingt sehr kompliziert.«

»Ich nenne das ungewohnt. Es ist eine andere Sicht auf die Zukunft. Diese Sicht soll uns vor allem die Chance geben, dass wir unsere Zukunft aktiv gestalten.«

»Das verstehe ich. Und es ist auch wünschenswert.«

»Die wesentlichste Erkenntnis ist vielleicht, dass wir uns nicht mit der Welt verwechseln. Die Welt ist, wie sie ist. Und wir machen daraus, was wir daraus machen. Dadurch formen wir unsere Welt. Wir konzentrieren unsere Kraft auf das, was wir beeinflussen können. Das andere nehmen wir zur Kenntnis.«

»Aber machen wir es uns damit nicht etwas zu leicht? Ich meine: Denke an den Klimawandel.«

»Das genau ist es ja: Wenn wir ihn zu unserer Zukunft machen, werden wir den Lauf der Dinge positiv mitgestalten. Wenn also der Klimawandel deine Zukunft ist, dann ist es besser, du siehst es so: Ich bin Zukunft. Ich bin Klimawandel. Aus dem heraus wird sich dein Handeln formen. Andererseits reden wir nur drüber und warten, bis irgendwer anderer uns seine Zukunft aufs Auge drückt.«

»O. k. Langsam verstehe ich. Aber das wird kein ganz einfaches Buch. Nenn es auf keinen Fall ICH BIN ZUKUNFT. Das versteht man sicher falsch.«

»Wie dann?«

»Wie wäre es mit ›Ich mach mir meine Welt?‹«

ICH BIN. EINE HYPOTHESE VON SICH SELBST

Immer wenn wir »Ich bin« sagen, kommt danach etwas. In der Regel sind dies Identitäten, die wir im Laufe unseres Lebens gebildet haben. Wir haben uns an diese Identitäten gewöhnt. Daher verwechseln wir uns mit den mentalen Strukturen, die sich daraus gebildet haben. Der Psychologe Michael Lehofer nennt diese Identifikationen »Hypothesen von sich selbst«. Gelingt diese distanziertere Betrachtung unserer eigenen Identitäten, ernten wir Freiheitsgrade. Ein Experiment: Nehmen Sie sich eine Identität vor, zu der Sie sagen: »Ich bin ... « Egal ob beruflich oder privat. Wie zum Beispiel: Ich bin Perfektionist. Ich bin »Gelber Engel«. Ich bin Sportlerin. Beginnen Sie einige Tage hintereinander darauf zu achten, wie viel sie tun, um dieses »Ich bin ... «

zu bestätigen, aufrecht zu halten und zu verteidigen. Notieren Sie sich diese Handlungen.

Als Nächstes verringern Sie den Aufwand, den Sie da reinstecken. Werden Sie sich bewusst, was Sie alles tun, um dieser Hypothese von sich selbst gerecht zu werden. Tun Sie einfach jeden Tag ein bisschen weniger dafür. Daraus resultiert automatisch freie Energie, in Form von Zeit, Kraft, Aufmerksamkeit, vielleicht sogar Geld.

Dieses Experiment ist nicht ganz ohne. Sie können sich darauf verlassen, dass unsere Hypothesen von uns selbst, unsere Identitäten, sich nicht gerne aufgeben. Selbst wenn diese in uns Leid verursachen. »Viele halten lieber am bekannten Unglück fest, als sich auf ein unbekanntes Glück einzulassen«, sagt Michael Lehofer. Wir lösen uns also sehr ungern von den Wirklichkeiten. Vor allem von denen, die wir mit »Ich bin … « beschreiben.

UNSERE WIRKLICHKEIT IST SUBJEKTIV, ABER NICHT EXKLUSIV

Es gibt eine ganze Menge an Realitäten, die wir subjektiv kreieren, die aber nicht exklusiv von uns sind. Nehmen wir eine starke Wirklichkeit. Sollten Sie Kinder haben, dann ist es ganz natürlich, dass Sie sich als Mutter oder Vater bezeichnen. Sie sagen dann »ich bin Mutter«, oder eben Vater. Dies als konstruierte Identität zu deuten, scheint sinnlos und falsch. Es ist ja immerhin eindeutig nachzuweisen, dass man ein Kind hat. Und daher ist die Wirklichkeit wirklich. Und objektiv. So weit, so gut. Jetzt gehen wir auch diesem zugegebenen komplizierteren Fall von Wirklichkeitskonstruktion nach. Wenn Sie beispielsweise Mutter sind, werden Sie das an der Tatsache Ihres Kindes beweisen. Wie jede Mutter. Es gibt eine biologische Evidenz. Nun ist aber schon das Wort »Mutter« ein Konstrukt. Auch das Wort Kind. Im Dialog mit meiner Frau sind wir dieser Idee nachgegangen. Im Gespräch haben wir erforscht, was sie unter dem Mutterbegriff versteht. Wie sie diesen interpretiert und was sie daraus macht. Auch wurde klar, worin sie – bewusst wie unbewusst – von ihrer eigenen

Mutter und deren Verständnis vom Muttersein geprägt war. Jede Mutter lernt von deren Mutter, und dennoch interpretiert jede Mutter den Begriff unterschiedlich. Im Blick auf Verwandte und Bekannte wurde das noch deutlicher. Es gibt keine »allgemeingültige Mutter«. Jede Frau ist darin unterschiedlich, wenn auch nur in Nuancen. Es gibt durchaus allgemeine Glaubenssätze, wie eine Mutter sein müsste und was man dann zu tun hat. Diese kollektiven Realitäten sind nicht fertig und werden es nie sein. Es gibt keine allgemeingültige Definition, die von jedem als Identität angenommen wird. Wie auch jede Geburt eines Kindes ein individuelles Ereignis und Erlebnis ist, so ist es auch das Muttersein.

Was wäre also, so haben wir experimentiert, wenn meine Frau die Mutter-Identität völlig aufgeben würde. Was wäre, wenn Sie keine Kraft mehr investieren würde, die Mutter als Hypothese von sich selbst aufrecht zu halten. Wären dann die Kinder weniger wichtig? Würde sie unsere beiden Jungs weniger lieben? Mitnichten. Warum auch. Die Liebe der Kinder ist nicht in der Idee von Mutter festgeschrieben. Dass wir unsere Kinder lieben, ist nicht Bedingung der konstruierten Mutter oder Vater-Identität. Die Liebe ist eine Verbindung, die weit darüber hinaus geht. Was aber mit einer Mutter-Identität verschwinden würde, wären beispielsweise Vergleiche mit anderen Müttern. Es gäbe keine Diskussion über Rabenmütter, man müsste sich auch nicht mit den eigenen Erfahrungen der Kindheit und seinen eigenen Eltern vergleichen. Ganz im Gegenteil: Man wäre in der Lage, sich seine eigenen Erfahrungen von Tag zu Tag zu entwickeln. Zugegeben, dieses Experiment erscheint befremdlich und nicht alltagstauglich. Die Begriffe »Mutter« und »Vater« sind derart in unsere kollektive Realität geschrieben, dass es nicht praktikabel wirkt, diese zu verweigern. Aber vielleicht ist es klug, für sich selbst auf all die Zuschreibungen zu verzichten, die in dieser Realitätskonstruktion liegen. Vielleicht kann man diese Zuschreibungen unter Beobachtung setzen, um nicht an ihrer Nichterfüllung zu leiden.

Viele Eltern bekommen das immer noch mit: Wenn sie arbeiten und die Kinder fremdbetreuen lassen, müssen sie Diskussionen aushalten, wie viel Fremdbetreuung zuträglich ist. Dies misst sich dann an der Muttervorstellung des Gegenübers. Unlängst begegnete ich einem circa 60-jährigen Bürgermeister, der über Kinderbetreuung meinte: »Besser wäre es, wenn die Kinder bei den Müttern zu Hause wären.« Daran sieht man, wie dieser Herr »Mutter« interpretiert. Begegnet meine Frau diesem Herrn, dann sprechen sie zwar in Deutsch und verwenden denselben Begriff. Nur die dahinterliegenden Wirklichkeiten sind fundamental anders. Ein gegenseitiges Verständnis ist sehr unwahrscheinlich. In einem Dialog würde man sich emotional begegnen, Unverständnis äußern und verärgert auseinandergehen. Aber wofür? Um zu erkennen, dass jemand anderer eine eigenständige Realität hat? Und die eigene unter den Bedingungen des anderen – ein Bürgermeister, der so denkt – nicht aufrecht zu halten ist? Sind die aufgebrachten Emotionen den Aufwand wert?

ICH BIN: ZUKUNFT!

Wenn es Identitäten gibt, die man formen kann, dann gibt es auch ein Ich, das diese Identitäten und Wirklichkeiten konstruiert. Es gibt ein Ich hinter den Kulissen des uns üblicherweise Bewussten. Wenn wir sagen: »Ich bin ... «, gibt es auch das schlichte »Ich bin«. Dies ist eine Grundsetzung unseres Bewusstseins. Das Minimalste, was wir von uns selbst wissen, ist, dass wir sind. Wir existieren. Und um diese Existenz herum bauen wir uns einen Schleier an Haltungen und Identitäten. Mit diesen reagieren wir auf die Welt, da wir zu dieser »wirklichen Wirklichkeit«, wie Watzlawick das nennt, keinen direkten Zugang haben. Wir sind auf Informationen angewiesen, die uns unsere Sinne zuspielen. »Die Realität nicht zu sehen ist die Grundvoraussetzung für unsere Anpassungsfähigkeit« (Lotto). Dadurch, dass wir auf die Sinneseindrücke reagieren, indem wir sie interpretieren, passen wir uns an.

Für diesen Vorgang haben wir einen blinden Fleck, da dieser unbewusst und ständig geschieht. Die Auswirkungen sind dann Identitäten, Glaubenssätze, Werte, Haltungen. Zu guter Letzt handeln wir auch danach. Unser Verhalten ist direkt an unsere Vorstellung der Welt gekoppelt. Mein Vorschlag nun: Machen Sie sich diesen Mechanismus zu eigen, indem Sie sich die Identität »Zukunft« an-eignen.

Mit anderen Worten: Sagen Sie »Ich bin Zukunft«. Zukunft ist eine Konstruktion von Wirklichkeit. Eine Vorstellung. Dieser Vorstellung geben wir am meisten Bedeutung, wenn wir ihr die Setzung »Ich bin« voranstellen. Ich bin Zukunft. Damit beenden wir die Verwechslung, dass Zukunft etwas ist, das auf uns zukommen könnte. Wir beginnen Zukunft zu sein und zu tun. Wir »zukünftigen« dann. Aus einem statisch-abstrakten Begriff wird ein Verb. Ein Tun-Wort.

Die Zukunft – zeitlich betrachtet – ist wie der Horizont. Egal wie weit wir gehen, wir werden ihn nie erreichen, der Horizont ist gleich unerreichbar wie die Zukunft. Wenn wir von der Zukunft sprechen, meinen wir zwar in den meisten Fällen diesen Horizont. Wir meinen die »abwesende« Zukunft. Aber wir können nur im Hier und Jetzt darüber sprechen, somit ist die Zukunft durch unsere Bilder, Ideen, Gedanken und Vorstellungen immer »anwesend« auch durch unsere Potenziale und Fähigkeiten, Talente und Beziehungsgeflechte. Und implizit durch unser Handeln und unsere Entscheidungen. Wenn Sie in etwas investieren, haben Sie eine Vorstellung der Zukunft. Sie kaufen eine Kaffeemaschine und sehen diese regelrecht schon in Ihrer Küche stehen. Und Sie freuen sich auf den Genuss des ersten Kaffees. Sie sind dann in Ihrer Zukunft, diese reproduzieren Sie aus sich heraus. Damit sind Sie diese Zukunft. Niemand anderer kann es für Sie sein. Sie zukünftigen.

Nehmen Sie sich einen Moment Zeit. Schreiben Sie auf ein Blatt Papier:

Ich bin Zukunft, und daher …

Ergänzen Sie den Satz mit den Dingen, die Ihnen sofort einfallen. Schreiben Sie alles auf, was in Ihnen entsteht, und legen Sie das

Blatt danach wieder weg. Es ist eine kleine Fingerübung, kein Quantensprung. Es hilft Ihnen, sich gewiss zu sein, dass die Zukunft nichts Fremdes ist. Die einzige Zukunft, die es in Ihrem Leben gibt, ist die Zukunft in Ihnen. Also die Zukunft, die Sie sind. Alles andere sind Sinneseindrücke und Versuche, Ihre Zukunft zu entern.

KÖRPER, GEIST UND EMOTION

Unsere Wahrnehmung der Welt ist nicht auf unser Denken zu reduzieren. Wir sind physische Wesen. Wir haben einen Körper und unser Denken ist Teil dieses Körpers. Daher entstehen Gedanken eben nicht, weil wir uns mit einem Blatt Papier hinsetzen und uns etwas ausdenken oder vornehmen. Wir machen körperliche Erfahrungen, verarbeiten Emotionen und konstruieren innere Modelle und Landkarten der Welt. Unser Ich ist somit umgeben von unserem Körper, unseren Emotionen und dem Denken. Wir machen ganzheitliche Erfahrungen. Unser Körper erzeugt unsere Präsenz. Sind wir müde, nehmen wir die Welt um uns herum anders wahr, als wären wir topfit. Haben wir ein körperliches Handicap, reagieren wir auf die Welt anders als ohne. Unser Körper ist damit die physische Interaktion mit der wirklichen Wirklichkeit.

Dass heute immer mehr Menschen versuchen, bewusst und gesund zu leben, ist kein Zufall. Die Interaktion mit der Welt um uns herum ist sehr anstrengend geworden, wenngleich die wenigsten Menschen harte, körperliche Arbeit verrichten. Die Errungenschaften des 21. Jahrhunderts bezahlen wir mit einem deutlich höheren Bedarf an körperlicher Energie. Steht uns diese nicht zur Verfügung, hat das sofort eine Wirkung auf unsere Vorstellung der Zukunft. Müde lässt sich wenig Zukunft machen. Die eigene Fitness eröffnet Möglichkeitsräume oder verschließt sie.

Schon die Aufnahmefähigkeit wird durch unseren körperlichen Zustand massiv beeinflusst. Wie überhaupt die Wahrnehmung der Umgebung ein körperlicher, weil sinnlicher Akt ist. Unsere Sinne sind die Fenster, durch die wir die Signale aus der wirklichen Wirklichkeit empfangen. Und unser Körper ist es, der durch Sprache, Mimik, Gestik und Bewegung generell auf diese Welt reagiert. Es gibt keine körperlose, rein virtuelle Zukunft. Was auch immer wir mit Zukunft meinen: Unser Körper spielt dabei eine große Rolle. Ein Unternehmer sagte mir unlängst in Bezug auf Zukunftsentwicklungen: »Wenn ich in meiner Brust diese wohlige Wärme spüre, weiß ich, dass es richtig ist, mich zu entscheiden.«

DIE ZUKUNFT SINNLICH ERLEBEN

In seinem beachtenswerten Werk »Logik der Gefühle« führt Aaron Ben Ze'ev ein Modell mentaler Modi ein. Darin wird deutlich, in welchen Operationen wir Informationen verarbeiten. Das Ziel jeglicher Informationsverarbeitung ist Kongruenz. Wir versuchen uns einen Reim daraus zu machen, was an Informationen auf uns prasselt. Da wir in einem Zuviel an Information leben, fällt diese Aufgabe zunehmend schwerer.

Die vier mentalen Modi, die Ben Ze'ev beschreibt, sind: erstens der perzeptive Modus, zweitens der emotionale, drittens der intellektuelle sowie viertens der Modus der Imagination. Über Letzteren habe ich schon einiges erzählt: Zukunft ist pure Imagination. Dies entspricht der Einzigartigkeit menschlicher Informationsverarbeitung. Dieser Modus ist die Voraussetzung dafür, dass wir lernen können. Was uns fundamental von der sogenannten Künstlichen Intelligenz unterscheidet. Aber dazu später mehr.

Keiner der vier Modi kann für sich alleine arbeiten, sie interagieren ständig und überlappen sich. Man darf sich das nicht vorstellen wie vier Ministerien, die nur einmal im Monat in einen Austausch gehen. Diese Operationen sind vernetzt und liefern gemeinsam Ergebnisse und trotzdem unterscheiden sie sich an gravierenden Stellen. Weshalb die Einzelbetrachtung wertvoll ist. Der für die Zukunft so wichtige Modus der Imagination ist am meisten abhängig vom Zusammenspiel mit den anderen Modi. Vor allem vom Modus der Perzeption.

Eine Frage: Ist Ihnen kalt oder warm? Fühlen Sie sich wohl? Alles gut soweit? Perzeption ist die sinnliche Wahrnehmung der Welt. Die Perzeption nimmt die Informationen aus der Umgebung auf, ohne diese schon zu interpretieren. Es ist die pure Wahrnehmung. Das wiederum sind die Voraussetzungen für Imagination. Wir können nichts imaginieren, was wir nicht wahrnehmen können.

Was wie ein Widerspruch klingt, wird auf den zweiten Blick plausibel. Wenn wir uns irgendein Haus vorstellen, haben wir in uns Wahrnehmungen von Häusern. Unser Hirnspeicher ist voll mit gesehenen Häusern. Und somit können wir uns auch ganz leicht eines vorstellen. Dass wir uns dann ein ganz neues, verrücktes Haus vorstellen können, liegt in der Natur der Imagination. Aber ohne Impression gäbe es keine Imagination. Daher ist es mir auch als Kind nicht gelungen, mir das Nichts vorzustellen. Wie sollte das auch gehen? Wie könnte ich mir etwas vorstellen, für das es keine Sinneseindrücke gibt.

Aus demselben Grund sind die meisten Erfindungen keine wirklichen Erfindungen, sondern Weiterentwicklungen. Wir modifizieren und schrauben an bestehenden Eindrücken. Wir vermischen diese in kreativen Prozessen und plötzlich haben wir zum Beispiel den »Cronut« als Ergebnis. Eine Mischung aus Donut und Croissant. Diese ging vor einigen Jahren als Food-Erfindung des Jahres durch die Gazetten, dabei war es eben keine Erfindung. Für beides – Donut und Croissant – gab es sinnliche Eindrücke. Der imaginative Moment war die Vermischung dieser Eindrücke.

Auch SciFi-Autoren arbeiten mit Eindrücken aus ihrem Leben und modifizieren diese. Der Kommunikator war am Ende doch so was wie ein Telefon. Nur anders. Aliens nehmen meist Anleihen an Insekten, großen Säugetieren oder Robotern. Roboter selbst nehmen wiederum Anleihen an gewissen Formen von Maschinen oder Menschen. Diese Aufzählung könnten wir unendlich fortführen. Im Kern bleibt die Erkenntnis: Keine Imagination kann in uns entstehen, die nicht eine Perzeption als Ausgangspunkt hat.

Wenn Zukunft eine Imagination ist, durch welche Perzeption wird diese erzeugt? In meiner Arbeit als Trendforscher weise ich stark auf

Artefakte hin. Es ist wichtig, dass jeglicher Zukunft ein Erleben vorausgeht. Es gibt keine großen Visionen und herausragenden Zukunftserzählungen ohne sinnliches Erlebnis. Daher frage ich meine Kunden immer: »Welche Zukunft erleben Sie im Alltag?« Die Antworten sind meist ernüchternd. Natürlich gibt es sogenannte »Innovations-Orte« in Unternehmen. Das sind dann meistens Orte, die superfancy designt sind. Man findet auch gerne viele bunte Elemente darin. In diesen Orten dürfen aber die wenigsten wirklich arbeiten. Bei einem Besuch eines solchen als »Future Lab« markierten Raum in Berlin ergab sich folgender Dialog:

> »Wow, das ist ja ein spezieller Raum. Hier fahren Roboter herum und alles blinkt ganz digital. Schaut aus, als hätten Sie Ihre Vorstellung der Zukunft gefunden.«
>
> *»Ja, mag sein. Aber ich halte davon nicht sehr viel.«*
>
> »Warum, gefällt es Ihnen hier nicht?«
>
> *»Doch, schon. Aber ganz ehrlich. Kommen Sie mal mit mir hoch. Dort wo ich im Alltag arbeite, ist alles grau und trist. Nullachtfünfzehn, um es klar zu sagen.«*
>
> »Aber wofür wird dann dieser Raum hier genutzt?«
>
> *»Der ist nur für Kundentermine und Öffentlichkeitsarbeit. Ein Showroom.«*

Diese Geschichte ist kein Einzelfall, häufig werden sogenannte Innovations- oder Zukunftslabore als Showrooms genutzt. Darin will man zeigen, an welche Zukunft man schon denkt. Diese Räume sind aber nicht viel wert – im Sinne der Zukunft. Denn Zukunft entsteht in uns, in jedem Einzelnen. Wenn der Alltag der Individuen in einer Organisation »grau in grau« ist, wird deren Imagination der Zukunft auch eher grau(sig) sein. Natürlich ist das oft gewollt, denn je grauer der Alltag, desto größer strahlen Gurus in Chefetagen. Wenn wir echt an Zukunft interessiert sind, gilt das Alltagserlebnis, die Perzeption, von allen als eine dominante Variable.

ZUTRITTSORTE DER ZUKUNFT

Gemeinsam mit Christian Blümelhuber von der UDK in Berlin arbeite ich an einem Designkonzept. Die Frage: Welche Artefakte braucht es, die es Menschen ermöglichen, bewusst und offen ihre Zukunft zu gestalten? In fast jeder Organisation wird im Moment an Zukunft gearbeitet – ob privatwirtschaftlich oder öffentlich; ob Verein oder Kirche. Dabei fällt sehr häufig ein Schlüsselwort: Change. Wandle. Vielleicht sind auch Sie gerade von einem sogenannten Change-Prozess betroffen. In meiner Beobachtung fehlt vielen dieser Prozesse eine essenzielle Zutat. Das physische Erlebnis: die Perzeption.

>>Bei uns läuft gerade ein Change-Prozess.<<
>>Lassen Sie mich raten: Digitale Transformation?<<
>>Ja, genau. Wie überall.<<
>>Und wie geht es Ihnen dabei?<<
>>Boah. Ein Meeting jagt das nächste. Dann neue Strukturen, Prozesse ändern sich. Die Chefs wechseln.<<
>>Und welche Zukunft entsteht dabei?<<
>>Oh, Zukunft? Keine Ahnung. Ich sehe nur Powerpoint Charts und große Angst, etwas verpasst zu haben. Zukunft sehe ich keine.<<

Die Dimension des Physischen wird in Prozessen wie diese leicht vergessen. Die wenigsten Change-Vorhaben orientieren sich an der Idee einer Zukunft. Jedenfalls nicht bewusst. Sie dienen häufig der Verschiebung von Macht-Allokation oder der Idee, technologische Schritte nachzuholen. Die Zukunft kommt dabei zu kurz. Obwohl alles im Namen der Zukunft gemacht wird. Der physische Raum und Artefakte können dabei helfen, die Zukunft »spürbar« zu machen. Aber nicht in Show-Offs. Zukunft wirkt nur im Alltag, nicht im Ausnahmezustand. Jeder von uns kennt das: Wie oft sind Sie schon motiviert von einem coolen Seminar heimgekommen? Wie oft ist die Euphorie verpufft und der Alltag hat die Herrschaft übernommen? Zukunft zu sein bedeutet als Konsequenz, den Alltag auf Zukunft zu designen.

Der Alltag ist es, in dem die Perzeption stattfindet. Von dort überträgt es sich auf die Imagination. Nutzen wir das nicht bewusst, bleibt jede Zukunft Planung.

SIEGESZUG DER EMOTIONEN

Die sensibelste Rolle im Spiel der Zukunft fällt den Emotionen zu. Im Modi der Emotion sind wir auf den Wandel unserer Umgebung gepolt. Diese sind eine natürliche Reaktion, wenn sich für uns etwas verändert oder wenn unsere Welt in Gefahr ist. Emotionen weisen eindeutig darauf hin, dass sich etwas in unserer unmittelbaren Umgebung und in direktem Bezug zu uns wandelt. Unseren Emotionen ist nichts egal: Emotionen sind immer wertend und sie sind immer temporär. »Emotionen sind Informationen an uns selbst«, sagt Michael Lehofer. Emotionen sind also Gradmesser und Seismografen für die wirkliche Wirklichkeit. Ist unsere eigene Weltkonstruktion in Gefahr, ist es negativ; wird diese bestätigt, erleben wir positive Emotionen.

Unlängst besuchte ich ein Museum. Ein älteres Paar spazierte in meiner unmittelbaren Nähe, weshalb ich diese Szene direkt erleben konnte. Die Dame wurde von einer Aufseherin freundlich angesprochen. Sie möge bitte die zweite Tasche, die sie mit sich führte, an der Garderobe abgeben. Die Realität der Dame kollidierte unmittelbar. Die folgende Szene wurde nur mehr durch Emotionen erzeugt. Die Dame fuhr die junge Aufseherin an, was sie sich einbilde, selbstverständlich behalte sie ihre Tasche bei sich. Auch ihr Mann geriet in Rage und beschimpfte die junge Frau. Dann kam dieser ein Kollege zu Hilfe, der die Aufforderung freundlich wiederholte, woraufhin deren Mann die Tasche an sich riss und schrie: »Dann nehme ich das Scheißding. So eine Frechheit!« Ich bewegte mich weiter durch die Ausstellung, und zu meinem Leidwesen ging das Pärchen in dieselbe Richtung. Zehn Minuten später noch unterhielten sie sich lautstark, zur Verwunderung der anderen Besucher, nach wie vor war ihr Ton regelrecht von Hass erfüllt und sie schimpften auf das Museum und diese »blöden Aufseher«. Hier erleben wir eine Szene, in der eine Realitätskonstruktion zusammenbricht – in der Kompensation übernehmen die Emotionen die Herrschaft.

Wenn wir in der Lage sind, Emotionen als Informationen an uns selbst zu deuten, würde diese Szene so nicht stattfinden. Die älteren Herrschaften würden sich ärgern und gleichzeitig müssten sie wahrscheinlich über sich lachen, weil sie wieder einmal einer Enttäuschung ihrer eigenen Wirklichkeit aufgesessen sind. Sie könnten die Emotionen vorbeigehen lassen, sie gehen immer vorbei. Sie könnten diese Enttäuschung als Anlass nehmen, ihre eigene Wirklichkeit zu erweitern. Die Szene würde sich sehr wahrscheinlich im Wohlgefallen für alle auflösen.

DER DIGITALE BOOST-EFFEKT

Was wir im Museum beobachtet haben, ist ein ungefiltertes Handeln im Affekt. Was uns im Alltag oft davon abhält: Benimmregeln. Als eine Art kollektiver Wirklichkeit haben sich kollektive Verhaltensweisen etabliert, die wir im Laufe unseres Lebens erlernen. Die Berliner Philosophin Nathalie Knapp sagt, dass uns die Benimmregeln im Digitalen fehlen, weshalb wir uns dort ungehemmt den Emotionen aussetzen. Das geschieht vielfach, Shitstorms und Hasspostings sind nur zwei Möglichkeiten davon. Wir klicken auf Seiten herum und lassen uns fremde Bilder in den Kopf bohren oder wir spielen und entladen unsere Gefühle im Wettbewerb.

Die Gamingindustrie hat gigantische Ausmaße angenommen, sie kanalisiert die Perzeption und Emotion von Milliarden Menschen weltweit. Die Emotionen werden darin bewusst eingesetzt, denn sie halten uns bei der Stange. Das kann Spaß machen, ist emotional – zukunftsfit macht es uns aber nicht dadurch, dass wir die Maschine bedienen. Die Zukunft erleben wir ganzheitlich, wenn wir uns der vermischten Realität bewusst werden. Wenn wir unsere Emotionen erkennen und bewusst einstufen. Das Digitale kann ein wirklicher Turbo-Boost für Emotionen sein. Oder deren Parkplatz. Wie beim Pintch-Watching. Wenn wir im Bann einer Serie den Tag-Nacht-Rhythmus vergessen. Da kommt es sehr auf die Dosis an.

EMOTIONEN SIND UNSERE ALARMANLAGE

Emotionen sind die komplexesten mentalen Phänomene. In ihnen verweben sich Perzeption und Imagination. Sie rütteln an unseren Weltbildern und bringen die innere stabile Wirklichkeit in Gefahr. Daher sind Emotionen wie unsere eingebaute Alarmanlage. Und genau so sollen wir sie einsetzen! Durch Emotionen lernen wir, wenn sich etwas, was uns wichtig ist, verändert. Oder: Wenn Alternativen zum gegenwärtigen Alltag erreichbar scheinen. Dabei sind Emotionen immer binär: Es gibt nur gut oder schlecht. Neutrale Emotionen gibt es nicht. Daher kommt es im Umgang mit Emotionen darauf an, wie es uns gelingt, die Grenzen zu setzen und Verbindungen zu erzeugen. An den Emotionen zeigt sich, dass sich unser Denken noch nicht ange-passt hat.

Als vor einigen Jahren die Terrorattacken in Europa kursierten, waren wir alle emotional betroffen. Plötzlich konnte etwas auf unseren Straßen und in unseren Häusern geschehen, was wir sonst nur aus den Medien kannten. Unser Alltag war in Gefahr und die Erregung darüber groß. Als die Angriffe nicht abrissen, wurde aus der Erregung eine Art Befremdung. Keiner wollte diese Akte des Terrors in Europa. Niemand konnte diese für gutheißen, dennoch haben wir unser Denken auf die Möglichkeit von Terror ausgedehnt. Es war klar: Jederzeit kann es pas-sieren. Wenn es dann passierte, waren wir entsetzt, aber nicht mehr völlig überrascht. Die anfangs hochbrausenden Emotionen haben sich einen Weg in unseren intellektuellen Modus gebahnt. Dadurch war Terror etwas, mit dem wir rechnen konnten. Immer noch furchtbar, aber nicht mehr so, dass unsere innere Alarmanlage angehen würde.

Außer wenn der Terror sich an einem Ort ereignete, zu dem wir eine Nähe spüren. Wenn dort Verwandte leben oder wir dort eine Wohnung haben. Dann plötzlich reagiert die Alarmanlage wieder und die Emotionen sind auf Höchststand – wir erleben so die

Wechselwirkung zwischen dem emotionalen und dem intellektuellen Modus.

VON DER EMOTION INS DENKEN

In der intellektuellen Informationsverarbeitung erzeugen wir Strukturen und Modelle von unserer Welt. Diese haben – wie ein Bauplan eines Hauses – das Ziel, stabilisierend zu wirken. Wir wollen hier ein Denken etablieren, auf das wir uns verlassen können. Diese Modelle wenden wir an, um die Signale aus der wirklichen Wirklichkeit zu verarbeiten. Wir ordnen diese unseren Bauplänen zu. Sind diese Modelle (Glaubenssätze, Haltungen oder Identitäten) in Gefahr, kommt die Emotion ins Spiel. Aus dem statischen Plan wird eine Live-Simulation. Und zwar immer wertend. Sagen Sie zum Beispiel »Ich bin Single« und lernen jemanden kennen, bei dem ernsthafte Hoffnung besteht, es könnte daraus etwas werden: Emotionen. Der Effekt ist derselbe: Eine gefasste Wirklichkeit ist in Gefahr, womöglich sind Sie bald nicht mehr Single. Die Emotionen vermitteln diese Gefahr. Ist der mögliche neue Zustand wünschenswert, deuten wir die Emotionen positiv. Je größer übrigens die Wahrscheinlichkeit, dass ein Ereignis eintritt, desto geringer ist die Intensität der Emotionen.

ME-MOTIONS: EMOTIONEN MIT HÖCHSTER ZUKUNFTSRELEVANZ

Je mehr Optionen es in einer Gesellschaft gibt und je lockerer soziale Schichten sind, desto mehr Emotionen entladen sich. Diese Grundlage beschreibt unsere Gegenwart sehr gut. Wir leben in einem ausgedehnten Möglichkeitsraum. Dieser vermehrt sich ständig. Weil wir auf diesen Möglichkeitsraum vorerst emotional reagieren, können wir ihn kaum erschließen. Für die Zukunft bedeutet das, dass wir um den Umweg über die Emotionen nicht herumkommen. Wir können Zukunft nicht sein, ohne unsere Emotionen zu erforschen. Und andersherum: Wollen wir Zukunft bewusst erschaffen, sind die Emotionen unser Material.

Gemeinsam mit Gabriel Diakovsky habe ich im Jahr 2019 eine Methode entwickelt, mittels der es uns gelingt, Visionen für Organisationen zu erzeugen. Visionen sind in Bildern und Worten gefasste Vorstellungen von Zukunft. Da Zukunft immer eine Konstruktion ist, gilt auch für Organisationen: Die Zukunft sind diese selbst. Jegliche Vorstellung der Zukunft generiert sich innerhalb von Organisationen. Nie von außen, die äußere Wirklichkeit dringt durch Filter nach innen. Die Fähigkeit, mit diesen Informationen umzugehen, gibt Hinweise auf Zukunft. Im ersten Teil unserer Methode arbeiten wir demnach bewusst mit Emotionen. Wir wollen dabei herausfinden, welche Emotionen eine Organisation bremsen oder beflügeln. Welche Bilder der Zukunft werden ausgelöst. Unsere Erfahrung zeigt uns: Es sind vier Emotionspaare, auf die es ankommt. Wir nennen diese Me-Motions.

Hoffnung — Angst
Freude — Leid
Mitgefühl — Schadenfreude
Stolz — Scham

In unserer Arbeit nutzen wir die Emotionen immer paarweise. Es geht uns um die Widerstände – gut, schlecht. In ausführlichen Gesprächen tasten wir uns von einer Emotion zur anderen. Wir notieren die Antworten und erkennen darin Muster, Zusammenhänge und Widersprüche. Was man für Organisationen tun kann, können auch Individuen für sich nutzen. Daher die Einladung, fragen Sie sich in Bezug auf Ihre Zukunft: Was macht Ihnen Hoffnung, was Angst? Was bereitet Ihnen Freude, was Leid? Was erzeugt Ihr Mitgefühl, wo entwickeln Sie Schadenfreude? Und worauf sind Sie stolz, wofür schämen Sie sich? Notieren Sie Ihre Antworten. Lassen Sie sich Zeit und tun Sie dies immer wieder. Auch gerne zu zweit. Was zutage kommt, kann Sie überraschen. In den Antworten erkennen Sie viel von dem, was

Ihre Zukunft konstituiert. Der Umgang mit den Antworten bildet die Brücke zum intellektuellen Modus.

DIE ZUKUNFT IST UNAUFGEREGT OPTIMISTISCH

Wenn wir aufgeregt sind, agieren wir im Affekt. Daraus können schnell Momente entstehen, die wir später bereuen. Also erst mal abwarten. Das beste Fenster für unsere Emotion haben wir erreicht, wenn wir erfreut, entspannt und friedlich sind. Klingt kitschig, in Sachen Zukunft ist das aber am effektivsten. Auf der negativen, gegenüberliegenden Seite sind wir gelangweilt, traurig oder nervös. Daraus generieren wir Zukunft im Mangel. Wir sind dann Zukunft und sie basiert auf einem Verlust. Sind wir hoch erregt – egal ob positiv oder negativ –, schaffen wir die Übertragung in unsere Denkmodelle nicht. Dann sind wir voller Wut oder Euphorie. Jedenfalls vollgeladen. Dann gilt: Alarmanlage. Erkennen, nicht reagieren. Der unaufgeregt optimistische Zustand ist die ideale Rezeptur für Zukunft. Achten Sie bei Zukunftsfragen auf Ihre Stimmung und setzen Sie Emotionen als bewusste Brücken ein. Selbst Wut kann eine solche Brücke sein: Wie Greta Thunberg oder die Bewegung der Wutbürger zeigt. Achten Sie nur darauf: Emotionen sind nie von Dauer, ein Wut-Fenster geht wieder zu. Wenn Wut Ihr einziges Emotionsargument ist, warten Sie lieber ab. Genauso wie Euphorie: Begeisterung ist gut, aber als einzige Emotion für Zukunft trotzdem zu wenig. Bleiben Sie unaufgeregt optimistisch der Welt gegenüber, sich selbst gegenüber und demnach Ihrer Zukunft gegenüber.

WIE DIE ZUKUNFT STABIL WIRD

»Wir haben niemals Zugang zur Realität, weil die Informationen, die unser Gehirn über die Sinne erhält, an und für sich bedeutungslos sind.« Das sagt der Neurowissenschaftler Dr. Beau Lotto. »Das

Gehirn konstruiert Bedeutung mithilfe der einzigen Informationen, zu denen es einen direkten Zugang hat – vergangene Erfahrungen.« Wir konstruieren die Welt in uns. Emotionen machen uns darauf aufmerksam, was gerade in Bewegung ist. Der intellektuelle Modus konstruiert unsere inneren Baupläne, mir ihnen halten wir die Welt aufrecht. Wir stabilisieren, was wir für wirklich erachten, dabei stehen unsere Gedanken im Zentrum. Der Quantenphysiker David Bohm hat bereits in den 1970er-Jahren eine simple, aber bedeutsame Differenzierung betont. Er unterscheidet zwischen Denken als Prozess und dem Gedanken. Seiner Einsicht nach sind wir Menschen üblicherweise nicht in der Lage, dies zu unterscheiden. Gedanken, so Bohm, kontrollieren uns und hindern uns am eigenständigen Denken. Das klingt absurd. Aber im Grunde hat er etwas sperrig vorformuliert, was Neurowissenschaftler heute bestätigen. Wir greifen in der Interpretation der Signale, die wir über die Sinnesorgane erhalten, ausschließlich auf unsere Erinnerungen zurück. Wir benutzen bestehende Gedanken. Wir nehmen etwas wahr und interpretieren dies als denken. Dabei ordnen wir es eigentlich nur unserem Gedanken zu. Bohm nennt ein Beispiel: »Nehmen wir die Bezeichnung Nation. Dies ist ein Gedanke, der vor nicht allzu langer Zeit entstanden ist und den wir heute nicht mehr hinterfragen. Aber was ist eine Nation eigentlich? Jemand hat sich überlegt, einen Zaun aufzustellen und zu behaupten, hier sei nun eine Nation. Eine Grenze markiert diese. Aber sowohl die Nation als auch die Grenze sind Gedanken, die sich manifestiert haben. Sie sind nicht per se und immer schon existent.«

Am Beispiel der Nation ist das gut nachvollziehbar: Niemand würde behaupten, dass alle Österreicher gleich sind. Österreicher sein ist per se auch keine Grundrealität. Sehr häufig erlebt man, dass Österreicher, die sich im Ausland treffen, sehr gut verstehen. Sie organisieren sich, verabreden sich. Wer schon mal auf einer Wirtschaftsmission war, kennt dieses absurde Phänomen: Da fliegt eine Gruppe Österreicher in ein fremdes Land, um dort »zu missionieren«. Und was tut die Gruppe: Als Erstes gibt es einen Empfang, häufig in der österreichischen Botschaft mit österreichischen Schmankerln. Dann verabredet man sich in Gruppen und geht jeden Abend an die Bar. Unter sich natürlich. Von dem anderen Land bekommt man nur Ausschnitte mit. Meetings, die organisiert werden, um Herrn Ming oder Frau Song zu treffen. Plötzlich greift die gemeinsame Idee, der offensichtlich verbindende Gedanke einer österreichischen Realität. Zurück in Österreich und mit der Möglichkeit von Nähe ausgestattet, verflüchtigen sich diese Gruppen wieder. Man trifft sich kaum. Man würde das auch kaum aushalten, weil dann die eigene Realitätsvorstellung mit der des anderen kollidieren würde. Die Nationalität »Österreicher« wirkt also vor allem in der Entfernung. Innerhalb Österreichs ist man lieber individuell. Die permanente Nähe zu jemand anderem könnte das Bild gefährden, das wir von uns als Österreicher haben. Die Nation ist der Gedanke, innerhalb sich die beschriebene Szene abspielt, ohne diese Leitgedanken keine Wirtschaftsmission, ohne diesen Gedanken keine »österreichischen Schmankerl« in der »österreichischen Botschaft«. Gedanken schaffen Identifikation. Und damit Stabilität.

Unsere inneren Modelle von Welt sind alles andere als von Dauer. Aber sie sind das Stabilste, das wir haben. Weshalb wir Identitäten nur schwer über Bord werfen können. Umgekehrt: Wenn wir »Ich bin Zukunft« als bewusste Identität etablieren und sie emotional aufladen, kann Zukunft zu einem stabilisierenden Faktor für uns werden. Und das, obwohl wir wissen, dass die Zukunft – allgemein formuliert – per se unsicher und instabil ist.

DISTANZIERTE LEIDENSCHAFT

Leidenschaft ist ein Wort, das uns oft begegnet, wenn Menschen von dem sprechen, was ihnen wichtig ist. Es soll sagen, dass wir alle Emotionen in einen Begriff gesteckt haben. Im Sport wird leidenschaftlich gekämpft. In der Wirtschaft sind es die Leistungen, die leidenschaftlich zählen. Ganz persönlich wollen wir Leidenschaft; in der Liebe, in unserem Beruf. Leidenschaftlich verfolgen wir ein Hobby oder lernen ein Musikinstrument zu spielen. Auch in der Entwicklung von

Zukunft ist die Leidenschaft eine wichtige Zutat. Wir setzen uns in Bewegung sind motiviert weiter zu gehen als normal. Doch auch die Leidenschaft ist eine Emotion, die über der entspannt optimistischen Haltung liegt.

Ich möchte Ihnen den Begriff der distanzierten Leidenschaft vorschlagen. Distanziert bedeutet nicht, dass die Zukunft, mit der Sie sich identifizieren, unwichtig ist. Distanz soll ein Hinweis dafür sein, dass Sie den Möglichkeitsraum im Blick behalten. Leidenschaft ist immer Nähe. Und die ist für Zukunft wichtig. Gleichsam benötigen wir die Kompetenz, um zwischen Nähe und Distanz umschalten zu können. Wie auch ein Künstler den Schritt zurück macht, um sein ganzes Bild zu sehen. Jeder Handwerker kennt das: Das Werkstück wird immer wieder aus einer Distanz betrachtet. Erst dadurch erkennen wir Konturen und Kontext. Dadurch können wir sehen, wohin sich unsere Leidenschaft am meisten entfalten soll und darf.

Viele erfolgreiche Unternehmen erzählen davon, dass sie nicht in, sondern an ihrem Unternehmen arbeiten. Das erzeugt die nötige Distanz. Ist ihnen ihr Unternehmen dadurch weniger wichtig? Überhaupt nicht. Aber sie haben eine andere Aufgabe. Sie formen das Unternehmen. Dies von innen zu tun ist deutlich schwieriger, wenn überhaupt möglich. Drinnen zu sein bedeutet die Nähe und Intensität zu spüren. Von draußen auf das eigene Unternehmen zu blicken zeigt, an welchen Stellen modifiziert werden kann. Und viel wichtiger: Welche Potenziale sich entfalten können. Leidenschaft und Distanz. Detail und Überblick – und damit die Umschaltkompetenz: Vom einen zum anderen. Wie ein Wandern zwischen Welten.

OVERVIEW-EFFEKT

Diese Distanz ist es, welche die Raumfahrt so besonders macht. Erinnern Sie sich an die Geschichte ganz zu Beginn des Buches: Meine Zukunft mit dem Blick auf die Welt. Das möchte ich Ihnen gerne vermitteln: Überblick und Orientierung sind essenzielle Merkmale der

Beschäftigung mit Zukunft. Im Verlassen der Atmosphäre erleben Menschen dies. Die knapp 600 Menschen, die bisher die Atmosphäre verlassen haben, berichten allesamt von dieser Erfahrung. In der Raumfahrt hat man dafür den Begriff Overview-Effekt geprägt. Dieser Moment, in dem man die Fragilität unserer Erde visuell spüren kann. Es scheint wie ein Wunder zu sein. »Wir haben diese Verbindung zur Erde. Sie ist unser Zuhause. Und ich weiß nicht, wie man aus dem Weltraum auf die Erde zurückkommen und nicht irgendwie verändert sein kann. [...] Jeder, der zurückkehrt, hat in seinen Erinnerungen verankert, wie der Planet aussieht. Du kannst das nicht auf die leichte Schulter nehmen.« Die Astronautin Nicole Passonno Stott beschreibt in ihren Worten, wie sich dieser Overview-Effekt für sie bemerkbar gemacht hat. Angewandt auf unsere Welt ein Gedankenexperiment. Was wäre, wenn der G7-Gipfel der führenden Industrienationen nicht mehr auf der Erde stattfinden dürfte? Wenn Politiker und Politikerinnen in eine Rakete einsteigen und die Erdoberfläche sowie die Atmosphäre verlassen würden, um in der ISS zu tagen? Der Overview-Effekt würde das Ergebnis der Gespräche massiv beeinflussen. Man könnte bei Weitem nicht in der angespannten Nähe über Brexit, Handelskriege und Waldbrände am Amazonas sprechen. Die Welt würde sich verändern, weil die führenden Köpfe ihre Perspektive auf die Welt verändern würden. Die Distanz schafft einen Bezug für den größeren Kontext. Das große Ganze gerät in den Blick. Daher ist meine Sternstunde der Zukunft der Moment des Overview-Effekts. Heute schon. In Momenten des Überblicks verschaffen wir uns einen Zugang zum Möglichkeitsraum. Und wir sehen besser, welche Emotionen unsere Zukunft erzeugen. Wir können neu kalibrieren, was uns ausmacht. Wir sind in der Lage, jenes Denken umzubauen, das uns vermeintlich stabilisiert, aber vielleicht eher aufhält.

Der Overview-Effekt der Astronauten ist in seiner Qualität und Intensität mit nichts anderem auf Erden vergleichbar. Die Idee des Overviews in unsere Zukunft einzubauen ist essenziell. Dafür benötigen wir Hilfsmittel. Eines der für mich stärksten möchte ich Ihnen vorstellen. Freuen Sie sich nun auf die liegende Acht.

RHYTHMUS DER ZUKUNFT

Die Zukunft ist ein offenes Werden, kein statischer Zustand. Wir können Prognosen als Hinweise nutzen, welche Entscheidungen heute zu treffen sind. Wir können Potenziale begreifen als Türöffner in den Raum der Möglichkeiten. Auf was es nun ankommt, ist ein Verständnis für Phasen des Wandels. Diese erst geben uns ein solides Gefühl dafür, welche Art und Intensität von Intervention für die Zukunft angebracht ist. Potenziale sind Möglichkeiten. Aber wann ist der richtige Zeitpunkt dafür, eine Möglichkeit beim Schopf zu packen? Dafür brauchen wir eine Sensibilität für das Situationspotenzial. Was steht jetzt an? Welche Möglichkeiten sind jetzt in ihrer Reife?

Vergleichen wir das mit dem Baum, den Sie in Ihrem Garten gepflanzt haben. Wann ist ein guter Zeitpunkt für den Baumschnitt? Wann sollten Sie düngen? Für all das gibt es einen guten Zeitpunkt. Die Jahreszeiten geben uns die Entscheidung in der Natur vor. In unserer Welt der sozialen Interaktionen haben wir kaum mehr Rhythmen, die uns als Hinweise dienen. Selbst der Tag-Nacht-Rhythmus verliert seine Bedeutung als stabiler Taktgeber. Immer mehr Menschen schlafen unregelmäßig und unruhig. Die Natur verliert ihre zeitgebende Wirkung auf uns. In den Städten und Dörfern wird es nie mehr dunkel. Wir fliegen auch im Winter an den Strand. Wir können selbst im Hochsommer skifahren. Wir Menschen haben uns von den taktgebenden Grundstrukturen der Natur in eine artifizielle Welt entfernt.

Gruppendynamische Rituale wie das gemeinsame Abendessen in der Familie oder zumindest das Versammeln vor dem Fernseher haben wir abgeschafft. Individuelle Jederzeit-Verfügbarkeit von allem führt zur Anti-Gravitation. Wir schweben im Alltag. Feste Mahlzeiten weichen der Snack-Kultur. Familiäre Gemeinschaftsrituale entzerren sich in die WhatsApp-Chats. Die Eventisierung unseres Alltags führt uns in eine polychrone Zeitepoche. Das bedeutet: Wir erleben kaum mehr Abläufe, die uns von innen her strukturieren. Zu viel zugleich. Daraus entsteht die oft gehörte Idee, dass sich alles immer schneller wandelt. Dabei ist das nicht ganz richtig: Es ist nur viel, das sich gleichzeitig in unser Bewusstsein drängt. Die Überforderung, die viele erleben, kommt nicht vom zu schnell, sondern vom zu viel. Aber schneller oder mehr zu tun: zu denken, zu arbeiten, aufzuräumen, zu organisieren – zu planen. Das bringt nichts. Die Zeit, in der wir leben, benötigt andere Alltagsbewältigungswerkzeuge.

Intuitiv greifen dabei viele zur Vergangenheit. Menschen sehnen sich zurück in eine Zeit, in der es einfacher war. Daraus entstand in den letzten Jahren eine Welle an Retro-Trends. In der Politik der Populismus mit seiner Great-Agian-Propaganda. Im Alltag die Renaissance der Schallplatte und der wiederentdeckte Kult um den Filterkaffee. Alles Rituale des Sich-Festhaltens, Versuche der Anti-Gravitation unserer Zeit Haltegriffe entgegenzusetzen. »Die Vergangenheit ist ein bequemer Bauplatz für Komfortzonen«, schrieb der Soziologe und Philosoph Zygmunt Baumann in seinem bemerkenswerten Werk »Retrotopia«. Dabei war er selbst zeit seines Lebens mit der Frage beschäftigt, was unsere Welt »frisch« hält. Was uns als Menschen die Zukunft erhält. Das Retro ist es nicht. Wenn auch nichts falsch daran ist, Musik von Schallplatten zu hören, sie geben der Musik eine räumliche Dimension. Und das Räumliche ist immer an Konturen und Dimensionen gebunden, die im Digitalen scheinbar aufgehoben sind. Das allerdings stimmt so gar nicht: Das Digitale braucht auch Raum. Sehr viel sogar. Zum einen brauchen wir Dinge, die wir digitalisieren können. Ohne Gegenstände wie Computer, Smartphones oder Chips, die im »Internet of Things« Dinge digitalisieren, geht es nicht. Andererseits benötigen wir Kabel, Leitungen, Satelliten und nicht zu vergessen: Serverfarmen. Es ist geradezu so, als würden wir auf der einen Seite durch das Digitale unser Leben auf Mikro-Ebene kondensieren, um es an anderen Orten in Kabel und Reglern wieder auszubreiten. Dass dies nicht ohne Raum geht, zeigt schon der Energieverbrauch. Für die digitale Verarbeitung von Informationen werden mittlerweile 10 % des weltweit produzierten Stroms benötigt. Das Digitale ist also nicht raumlos. Es verlagert nur den Raumbedarf. Als Menschen brauchen wir Konturen, um uns zu orientieren, wir können nur in Kontrasten sehen. Wir können nur in der Differenz wirklich unterscheiden – und damit entscheiden. Was wir nicht wahrnehmen können, nimmt uns die Wirksamkeit. Der Reiz am Musikhören auf Schallplatten ist gerade die Endlichkeit. Es ist nach 25 Minuten vorbei. Dann muss man aufstehen und die Platte umdrehen. Das gibt uns einen Rahmen. Im Digitalen streamen wir ohne Ende. Aber auch ohne Kontur. Die Bedeutung einer Komposition ist nicht mehr so gravierend. Was ist im Digitalen ein Album? Der Rapper Kanye West ist einer der ersten Künstler, der diese Idee ganz bewusst torpediert. Sein Album »The Life of Pablo« wurde 2016 veröffentlicht. Seither arbeitet er immer weiter an den Titeln. Wer das Album digital erstanden hat, hat 2020 ein anderes Werk als das 2016 veröffentlichte. Laut West soll das Album ein »lebendiger, atmender und sich wandelnder kreativer Ausdruck« sein. Das Digitale erlaubt das. Die gewohnten Konturen, die das Konzept »Album« vorgibt, werden neu interpretiert. Werke sind dann nicht mehr zu Ende. Sondern lebendig. Damit nehmen sie uns aber auch Strukturen und Sicherheit. An der Kontur, die ein Album auf Vinyl vorgibt, können wir uns im wahrsten Sinne festhalten. Das Digitale strömt ohne Anfang und ohne Ende. Nicht umsonst versuchen Anbieter wie Netflix und Apple ihre Serien wieder auf wöchentliche Erscheinungen zu trimmen. Es soll uns den Reiz einer Kontur geben. Aber nur bei der Veröffentlichung. Dann ist auch dieser Effekt wieder verflogen.

Um die Zukunft für uns in ihren Konturen zu erfassen, brauchen wir Meta-Konzepte. Also Modelle und Sichtweise, die uns erlauben Konturen zu erkennen, wo eigentlich alles im Fluss ist. Diese können uns helfen, die Anti-Gravitation als neue Voraussetzung anzuerkennen. Aller Retro-Trends zum Trotz ist das Retro nicht unsere Zukunft. Die Eindeutigkeit von Richtung und damit die klare Idee von richtig oder falsch kommen nicht zurück. Richtung ist keine eindeutige allgemeingültige Dimension mehr. Wie auch die Zukunft nicht. Gerade deswegen die Frage: Welche Zukunft bin ich, wenn ich Zukunft bin? Um diese Frage wirksam zu machen, brauchen wir Konturen. Maßstäbe der persönlichen Orientierung. Diese finden wir nicht mehr im Außen, auch nicht in Erinnerungen. Wir müssen uns den Overview-Effekt auch im Mentalen zu eigen machen.

Eines der stärksten Modelle dafür ist der Adaptive Cycle. Auch charmant die »Lazy 8« genannt. Der Cycle wurde von Gunderson und Holling in deren Buch »Panarchy« im Jahr 2002 eingeführt. Die Wissenschaftler haben sich der systemischen Resilienzforschung verschrieben. Resilienz, das bedeutet in etwa Widerstands- und Anpassungsfähigkeit. Wenn ein Wald nach einem Brand zerstört ist, dann aber schrittweise wieder wächst, entspricht dies dem Begriff der Resilienz, der ebenfalls von der Psychologie übernommen wurde. In den letzten Jahren wurde Resilienz populär, auch in der Ökonomie und der Beobachtung von Organisationen. Denn die Fähigkeit der Bewältigung von Krisen und Rückschlägen hat in komplexen Umfeldern einen großen Wert. Gunderson und Holling forschen seit Jahrzehnten an diesen Fragen.

Durch die Zusammenarbeit mit dem Netzwerkforscher Harald Katzmair kam ich selbst vor einigen Jahren in Berührung mit der Lazy 8, seither arbeite ich fast täglich damit. Die Meta-Sichtweisen und Potenziellen Erkenntnisse, die in diesem Modell liegen, erschließen sich einem erst nach und nach. Umso mehr ist es mir ein großes Anliegen, dass so viele Menschen wie möglich dieses Modell für ihren mentalen Overview nutzen können. Einerseits total einfach, ist die Lazy 8 andererseits durchdrungen von komplexen Strukturen.

Die Lazy 8 hat die Form einer liegenden Acht. Wenn man sie zeichnet, beginnt man erst eine Art Welle zu machen. Am Scheitelpunkt der Welle führt man die Linie aber nicht nach rechts unten. Man bewegt sich – wie bei einer Acht – wieder zum Anfang zurück. Damit wirkt sie fast wie das Unendlichkeitssymbol. Die Lazy 8 symbolisiert die Veränderung, sie steht für Wandel und stellt ein universal gültiges Muster dar: Jegliche komplexe sozialen Systeme durchlaufen diese Dynamik. Ebenso durchfließen wir als Menschen Phasen des Wandels, wir sind komplex in unserer Struktur und in unserer permanenten sozialen Interaktion.

Im Wesentlichen sind es vier Phasen die wir in unserer ständigen Entwicklung durchlaufen. Immer und immer wieder:

- Wachsen
- Erhalten
- Loslassen
- Verändern

ERHALTEN

VERÄNDERN

Wachsen

Die Phase des Wachsens beginnt am unteren Scheitelpunkt der Acht. Diesen Punkt können wir Startpunkt nennen. Auch wenn – technisch gesehen – jeder Moment auf der Lazy 8 ein Startpunkt für etwas Neues sein kann. So beginnt hier jedenfalls ein neuer Zyklus. Es ist der Punkt, an dem Sie sich aus einer Häufung von Möglichkeiten für eine entscheiden. Sie hören auf zu überlegen und legen los. Sie sagen eindeutig JA zu etwas oder jemandem.

- *Wie in einer Beziehung: Sie sagen JA und nehmen ernst, was vorher locker flockig war.*
- *Wenn Sie ein Haus bauen, dann ist das der Moment, an dem das Grundstück gekauft und die Bagger bestellt sind.*
- *Gründen Sie eine Firma, haben Sie an dem Punkt die Verträge unterzeichnet und vielleicht die Geschäftsräume bezogen.*

Es ist der Punkt, an dem Sie etwas Neues tatsächlich beginnen. Die nun folgende Phase ist intensiv. Vielleicht voll Aufbruchsstimmung und Euphorie, wenn ein gewollter Zyklus startet. Vielleicht aber auch voller Ärger, Gram oder Trauer, falls ein negativer Zyklus startet. Wie das Bekämpfen einer Krankheit oder ein Konkurrenzkampf. In jedem Fall investieren Sie an dieser Stelle Energie. Jedenfalls Zeit und Kraft, sehr wahrscheinlich Geld. Der Zyklus beginnt mit einem Investment. Der emotionale Zustand ist eher erregt. Diese Emotionalität ist notwendig. Wenn wir etwas starten, das neu ist, bewegen wir uns außerhalb unserer etablierten Modelle. Der intellektuelle Modus ist hier wenig hilfreich, der emotionale Modus zählt. Die Welt verändert sich. Für uns.

Diese Phase wurde von dem Psychologen Clair Grave auch als Phase der naiven Euphorie bezeichnet. Hier können nicht mehr all unsere intellektuellen Konzepte greifen. Wir begeben uns auf Neuland und lernen sehr schnell sehr viel. Daher ist die Qualität der ersten Zeit in dem Zyklus: Einfach tun, schnell reflektieren und lernen.

Haben wir den Zyklus begonnen und sind den ersten Weg gegangen, landen wir bei der nächsten Qualität, die wir benötigen: skalieren. An der unteren Kurve der Acht beginnen wir zu spüren, dass unser Weg der richtige war. Wir bemerken, dass wir nicht mehr nur Kraft investieren, sondern auch etwas zurückbekommen: Liebe und Gemeinsamkeiten in einer Beziehung oder wirtschaftliche Erfolge in einem Unternehmen. Die Baustelle läuft – wenn Sie beim Hausbau sind. Die ersten Routinen stellen sich ein – aber noch nicht so, dass man schon sagen würde, man sei routiniert. Alles ist immer noch auf »Beginn«

gepolt. Das ist häufig auch die Phase der ersten Zweifel und Rückschläge. Hier fragt man sich: Habe ich wirklich das Richtige getan?
Da es auf diese Frage meist noch keine Antwort gibt, gilt es dranzu-
bleiben. Volle Kraft voraus. Weiterhin schnell und viel lernen. Und
umschalten auf Skalierung.

Skalieren bedeutet: Anerkennen, dass der Spirit des Anfangs dem
Anfang eigen ist. Wenn ein Projekt fortschreitet, verändert es sich. Es
wird größer, routinierter. Die Begeisterung des Start-ups macht der
Normalisierung Platz. Wir beginnen Strukturen und Bedingtheiten zu
erzeugen. In einem Unternehmen wachsen die Abhängigkeiten, zum
Beispiel von Kunden oder Investoren, einzelnen MitarbeiterInnen
oder Technologien. In einer Beziehung baut man sich ein Umfeld:
beginnt in eine Wohnung zu ziehen oder verlobt sich. Ein Zurück
ist nicht mehr gut vorstellbar, das Weitergehen bedingt Anpassung.
»Catataxis« nennt John Brodie Donald diesen Effekt. Wenn mehr
desselben bedeutet, dass es nicht mehr dasselbe ist. Man kennt das bei
Start-ups: Wenn sie aus der ersten Kurve kommen, geht es plötzlich
um Strukturen, Geld und Positionen. Vorher war es die Idee, die Welt
zu verändern. Nun ist es der Jobtitel, der an Bedeutung gewinnt. Diese
Entwicklungen sind normal in der Phase des Wachstums.

Wie lange diese Phase dauert, ist nicht zu sagen, das hängt von
vielen Faktoren ab. Bei Unternehmen kann die Phase vom Start zum
Erreichen der Skalierungsqualität ein Jahr dauern oder zehn Jahre.
Wie auch das Schreiben eines Buches keinen festen Zeitrahmen
gibt: Man kann es in zwei Wochen schaffen oder Jahre aufwenden.
Ta-Nehisi Coates berichtet, dass er an seinem Bestseller »The Water
Dancer« über zehn Jahre gearbeitet hat. Es gibt keine Norm-Einschät-
zung oder objektive Bewertung. Es ist Ihr persönlicher Eindruck, auf
den es ankommt. Sind Sie mit dem, was Ihnen als Zukunft erscheint,
in der Startphase?

Wenn ja, dann geht es um schnelles Lernen. Das Timing der Reflexion ist entscheidend. In dieser Phase machen Sie sicher eine Menge
Fehler, es gibt viele erste Male. Sie haben Neuland betreten. Aber
ihre Zukunft ist nicht mehr ganz offen. Sie haben Entscheidungen

getroffen, die eine Pfadabhängigkeit erzeugen. Zukunft bedeutet nun, dem Pfad zu folgen. Zukunft bedeutet, den Möglichkeitsraum auf diesen Pfad anzuwenden. Es ist nicht die Zeit, um im offenen Raum nach Alternativen zu schauen. Das wäre, als würden Sie in einer frischen Liebesbeziehung fremdgehen wollen. Oder als würden Sie Ihren Rohbau zum Verkauf anbieten.

Das Timing der Wachsen-Phase ist die Zeit des Lernens. Zukunft bedeutet, im Raum der Möglichkeiten nach Wachstum zu suchen. Wachstum in Quantität, aber auch Wachsen in Qualität. Sie beginnen struktureller zu denken und bauen Plateaus der Entwicklung. Es geht voran.

Erhalten

Was Sie einmal gestartet haben, wollen Sie nun etablieren und nachhaltig aufrechterhalten. Daher ist die erste Qualität das Etablieren. Sie setzen auf Routinen und stabilisieren durch klare Strukturen. Sie entwickeln sich immer noch weiter. Doch: Das Haus steht. Die Beziehung ist etabliert. Die Firma läuft. Was es braucht, ist Micro-Management – kleine Schritte der Weiterentwicklung, Elemente der Sicherheit. Sie pflegen den Garten und führen kosmetische Reparaturen am Haus durch. Sie engagieren Profis für Vertrieb und Controlling in Ihrem Unternehmen. In Ihrer Beziehung vereinbaren Sie beispielsweise den Donnerstag zum Ausgehtag und überlegen, welcher Urlaub Ihnen einmal guttun würde.

Sie tun alles, um fortzuführen, was Sie gestartet haben. Sie sind Optimierer Ihres eigenen Weges und wachsen nach wie vor. Aber nicht mehr in der Euphorie. Sie kommen in einen entspannteren Zustand. Der Weg, den Sie gehen, gibt Ihnen Sicherheit, es fühlt sich stabil an.

Dies ist das ideale Zeitfenster: Hier ist Zukunft können, ohne zu müssen. Sie sind in entspannt optimistischer Zukunftsstimmung. Das Verlangen nach wirklich Neuem ist mäßig und daher nicht jede Zukunftsprognose umwerfend. Somit können Sie aus einer relativ komfortablen Position auf das blicken, was möglich ist. Was Sie einmal gestartet haben, gibt Ihnen Kraft. Es kommt was zurück. Die Balance stimmt. In der Ruhe können Sie der Lazy 8 entlang nach vorne blinzeln: Die Zeiten werden sich auch wieder ändern. Das ist Ihnen nun klar.

Am Ende dieser Phase werden Sie Kraft brauchen, um zu erhalten, was Ihnen wichtig ist. Plötzlich wird es aufwendiger, Sie arbeiten an Effizienz und Strukturen. Was Sie einmal gestartet haben, wird nun zum Dauerprojekt: Sie beschäftigen sich wieder mehr, als Ihnen lieb ist, damit und arbeiten daran, dass es weitergeht.

- *In der Beziehung sind tiefschürfende Gespräche über Sinn und Freude am Gemeinsamen auf der Tagesordnung. Der Weg zum Paartherapeuten ist naheliegend.*
- *Im Unternehmen haben die Controller die Oberhand übernommen. Die Ressourcen werden knapper und auch die Entwicklungsmöglichkeiten. Es herrscht Effizienzdenken, was nicht direkt zum Erfolg beiträgt, wird eliminiert.*
- *Beim Haus stehen bereits größere Reparaturen an. Das Dach wird undicht, die Heizung muss getauscht werden und so manches Rohr ist leck.*

An dieser Stelle tun sich zwei Zukunftsfenster auf: Zum einen das Potenzial der Rationalisierung. Zukunft bedeutet dann, so lange wie möglich den Erhalt des Bestehenden zu sichern. Oder das Potenzial der Erneuerung. Die Suche nach dem nächsten Schritt. Das Ende der Erhalten-Phase ist der Punkt der Krise. Und somit der Anfang der Phase des Loslassens.

Loslassen
Der obere Scheitelpunkt der Acht leutet das Loslassen ein, der Punkt der Krise oder Disruption. Durch das Kollabieren von inneren Zuständen oder äußeren Umständen gerät man aus dem Lot, was man einmal gestartet hat, funktioniert so nicht mehr.

- *In einer Beziehung ist das Ende der Beziehung zumindest in Griffweite. Einer der Partner geht fremd. Oder man hat sich nichts mehr zu sagen.*
- *Das Unternehmen kann sich nicht mehr halten. Die Aufträge bleiben aus. Ein Konkurs steht vor der Tür.*
- *Das Haus ist ein Sanierungsfall. Oder man kann es sich nicht mehr leisten, vielleicht ist es auch einfach viel zu groß – jetzt wo die Kinder weg sind.*

Dieser Punkt ist schmerzlich und intensiv. Wenn an dem gegenüberliegenden Scheitelpunkt die intensiv positiven Gefühle überwogen haben – hier sind es eher die intensiv negativen. Ein Ende steht bevor.

Dabei ist die Krise noch nicht das Ende. Das Momentum gilt der Erneuerung. Eine Krise ist der Donner vor dem Blitz. Irgendetwas stimmt nicht. Die Aufmerksamkeit gehört dem Moment: Was ist zu tun?

- *Wie kommen wir durch die Ehekrise?*
- *Was können wir machen, um das Unternehmen zu retten?*
- *Was tun wir mit unserem Haus?*

Inmitten der Krise setzt die Zukunft ein Pflänzchen: Was kann kommen? Es ist die Zeit für eine große Idee, für eine neue Vorstellung. Das Vergangene braucht seinen Platz, als Erfahrung und Narrativ, vielleicht als Anker. Gleichsam ist der Point of no return überschritten. Loslassen bedeutet, sich vom Bestehenden loszusagen. Nur zu menschlich ist es, dass man das Loslassen nicht akzeptieren will. Viele versuchen hier entgegen des Potenzials doch noch in den Erhalt zu investieren.

- *Im Unternehmen setzt man dann alles auf eine Karte. Und verwettet vielleicht sogar das Familiensilber.*
- *In der Beziehung versucht man es mit alten Routinen.*

- *Im Haus legt man selbst Hand an und zögert eine größere Veränderung hinaus.*

Doch irgendwann hilft Kompensation nicht mehr. Dann ist aus, was einst begonnen hat. Aber eben nicht gänzlich. Alte Zöpfe müssen weg – daraus darf Neues entstehen. Es geht um neue Wege, die man beschreitet. Der Fokus der Zukunft liegt auf dem Erkunden von neuem Territorium. Es ist schöpferische Zerstörung (Schumpeter). Die emotionale Erregung ist hoch. Das Fenster in eine neue Welt ist offen. Es kann sein, dass Sie nicht wahrhaben wollen, was als Nächstes kommt. Deshalb ist es anstrengend. Gleichwohl entsteht die Zukunft in uns aufs Neue. Wir bewegen uns in diverse Richtungen und gehen in den Modus des Forschers. Schritt für Schritt probieren wir uns aus. Wir lernen uns neu kennen, wer sind wir, was tun wir hier? Fast unbemerkt führen uns diese Schritte weiter. Es beginnt eine Phase des Kultivierens von Neuem.

- *Führt die Krise nicht zur Trennung, verbindet es das Erlebte. Man wächst daran auf neue Art zusammen.*
- *Im Unternehmen kann ein neuer Miteigentümer Schwung und Ideen einbringen oder ein radikaler Umbau von Hierarchie auf Mitbestimmung findet statt.*
- *Das Haus haben Sie vielleicht verlassen, sind aber dadurch wieder in die Stadt gezogen und entdecken die Vorzüge urbanen Lebens.*

Momente der Erneuerung kommen, sie geben dem Wandel eine Chance und erkennen, wofür es sich lohnt, noch mal Kraft zu tanken. Sie überwinden die Trägheit des Status quo für eine neue Vitalität. Sie bahnen damit der nächsten Phase ihren Weg. Wenn sich das Neue manifestiert und zu einem echten Neustart werden kann, sind Sie in der Phase der Veränderung angekommen.

Verändern
Nach dem Überwinden des Krisenpunktes und der beginnenden Neuorientierung wird es konkreter. In der Phase der Veränderung

versucht man es schon faktisch mit alternativen Wegen. Es ist die Zeit des Experimentierens.

- *Im Unternehmen wäre das die Phase der Innovation. Nachdem die kulturellen Voraussetzungen für den Wandel geschafft sind, geht es um neue Produkte.*
- *Die Beziehung erlebt seinen nächsten Frühling und man erkennt inspirierende Facetten aneinander. Die Freude am Gemeinsamen kehrt zurück; man macht ganz verrückte Dinge.*
- *In Ihrer neuen Stadtwohnung streunen Sie regelmäßig aus. Sie haben schon ihr Lieblingscafé gefunden und genießen die Home-Food-Services der Nachbarschaft.*

Sie machen sich auf den echten Weg zum nächsten Startpunkt. Sie erleben sich in neuer Energie und haben Lust, diese wieder zu investieren. Dann sagen Sie wieder: Ja, auf geht's!

DIE LAZY 8 DER ZUKUNFT

In dem Zyklus werden Sie viele Erfahrungen Ihres Lebens wiedererkennen. Diese Phasen durchlaufen wir alle. Wir, unsere Projekte, unsere Organisationen. Dies gilt nicht nur für Haus, Beziehung und Unternehmen. Denken Sie an Ausbildungen, die Sie machen, Hobbys, die Sie starten, und vieles mehr. In jeder Phase gibt es Anforderungen, die sich auf die Zukunft beziehen. Betrachten wir das im Detail.

Wachsen und Zukunft

In dieser Phase geht es um die Fähigkeit, einen begonnenen Weg zu konkretisieren. Der Anspruch an Zukunft ist das Lernen. Was uns hilft, sind Prognosen, die uns ein Feedback geben, welche Entscheidungen zu treffen sind. Was wir aber noch mehr brauchen, ist ein Modus des Lernens im Potenzial. Die in uns liegenden Fähigkeiten müssen sich entfalten können. Reflexion ist daher von höchster Bedeutung.

Was uns dabei helfen kann:
- Ständige Feedback-Loops mit Menschen, denen wir vertrauen.
- Widerstände nutzen, um bei deren Überwindung zu lernen.
- Probleme nutzen, um hintergründige Muster zu erkennen.
- Skaleneffekte verstehen, damit wir im richten Maßstab messen.
- Strukturen anpassen, um dem Wachstum gerecht zu werden.

Hinderlich in dieser Phase sind:
- Überbordende Lust an komplett neuen Themen.
- Rigides Beibehalten von Routinen.
- Zu euphorische Prognosen.
- Zu großes Understatement.

Erhalten und Zukunft

Am Anfang durchlaufen Sie den absoluten Sweetspot der Zukunft. Sie sind in einer stabilen Phase des Wandels. Hier kann man ausschweifen, ohne dass es sofort Konsequenzen hat. Hier kann man sich gedanklichen Experimenten widmen und sich grundsätzlich mit der Zukunft beschäftigen. Es gibt keine Zukunftsnot. Ausstiegspläne für Unternehmen schmiedet man zum Beispiel in solchen Zeiten, denn am Ende der Erhaltenssequenz gelangt man an den Punkt der Krise. Hat man dann schon alternative Zukünfte im Gepäck, kann man beruhigt voranschreiten.

Was uns dabei helfen kann:
- Freies Erkunden der Möglichkeitsräume ohne Anschlusshandlungen.
- Besuch von Einrichtungen und Ländern, die man bisher nicht kannte.
- Zukunft in großen Skalierungen betrachten: Globalisierung, Space-Reisen …
- Aufbau von neuen Beziehungsmustern und Ritualen.
- Leise Signale des Wandels wahrnehmen und deuten lernen.

Hinderlich in dieser Phase sind:

- Ausruhen auf dem bislang Erreichten.
- Den eigenen Erfolg mit dem einzig richtigen verwechseln.
- Die Zukunft prinzipiell vernachlässigen.
- Nur die alten Seilschaften pflegen.

Loslassen und Zukunft

Wenn wir loslassen, kompensieren wir. Wir lenken unsere Energie auf das Tasten im Blindflug. Zukunft hat nun die Aufgabe des Richtungssinns. Hier geht es um die groben Umrisse einer neuen, alternativen Zukunft. Es geht darum, dass wir erahnen, wofür es sich lohnt, den anstrengenden Weg auf der Rückseite der Acht anzutreten. Im Detail brauchen wir daher einen Blick für die Nuancen des Wandels. »Weak Signals«, sagt man in der Trendforschung dazu. Kleinigkeiten, an denen wir bemerken, wohin uns die Reise führen könnte.

Was uns dabei helfen kann:

- Zukunftsmut und Vertrauen ins Leben.
- Eine Wahrnehmung kleiner Signale, die einen weiterbringen.
- Ein Umfeld, für welches der neue Weg nicht ganz neu ist.
- Konzepte und Begegnungen der therapeutischen Reflexion.
- Eine Vision im Sinne leitender Bilder und Gedanken.

Hinderlich in dieser Phase sind:

- Angst davor, sich im Nebel zu bewegen.
- Eine zu große Sehnsucht nach Vergangenem.
- Zu schnelle Antworten auf noch ungeklärte Fragen.
- Ein übereiltes Vorgehen, um die unangenehme Situation zu verlassen.

Veränderung und Zukunft

Nun wird es konkret: Die Qualität der Zukunft ist die der Ideen und umgesetzten Möglichkeiten. Hier verlassen wir die vagen Skizzen und Meta-Konstrukte. Jetzt wird Anwendung geübt. Es wird an neuen Ideen gefeilt. Wir schaffen faktische Erlebnisse der Zukunft, die uns daran erinnern, was Zukunft für uns ist.

Was uns dabei helfen kann:
- Prototypisches Experimentieren.
- Gespräche über Ideen und Umsetzungsvarianten.
- Ausprobieren und sich einlassen auf Probezeiten.
- Kreativität im Sinne eines Mutes, es mal ganz anders anzugehen.
- Inspirierende Umfelder.

Hinderlich in dieser Phase sind:
- Generelles Philosophieren statt einfachem Probieren.
- Besserwisser, die das eh schon alles kennen.
- Nichtdokumentieren der Lernschritte.
- Die Frage: Warum.

UMSCHALTKOMPETENZ IN DER DYNAMIK

Die Phasen der Lazy 8 geben uns starke Hinweise darauf, welche Qualität und Intensität von Zukunft uns guttut. Ich bin Zukunft. Das ist die leitende Identifikation. Und nun können Sie den nächsten Schritt machen. Ich bin Zukunft im Wachsen. Oder: Ich bin Zukunft im Loslassen.

Die Phasen können Ihnen einen Hinweis geben, wo Sie selbst gerade stehen. Es gibt nicht nur einen Standpunkt. Sie haben auf der Lazy 8 mehrere Standpunkte, je nachdem, was Sie betrachten. Geht es um Sie als Mensch? Geht es um Ihre Beziehung? Ihren Job? Ihr Projekt? Nehmen Sie sich das heraus, was Ihnen im Moment wichtig ist. Legen Sie auf der Lazy 8 einen Standpunkt fest. Damit können Sie sich selbst verorten und erkennen, was Sie gerade von Ihrer Zukunft erwarten können und sollen. Wie lange eine Phase dauert, ist individuell, daher macht es keinen Sinn, ein Muster zu suchen. Nicht einmal in eingegrenzten Kategorien: Ein Unternehmen kann ein Jahr oder ein Jahrzehnt in der Start-up-Wachstumsphase sein. Dafür gibt es keine Regel. Jedes Projekt kann auch in jeder Phase enden.

An der Lazy 8 können wir uns festhalten, obwohl das Modell nicht physisch ist. Wir können lernen, im Wirrwarr Standpunkte zu orten.

Diese sind Anker für die nächsten Schritte. Experimentieren Sie damit. Einmal daran gewöhnt, ändert die Lazy 8 unsere Wahrnehmung. Ganz leicht können Sie einschätzen, was in Ihrer Umgebung gerade los ist. Sie werden die universellen Muster der Lazy 8 immer wieder entdecken. Mit der Zeit erlangen Sie eine Umschaltkompetenz, Sie können situativ einschätzen, was zu tun ist. Wie eine Fußballmannschaft, die geübt hat, zwischen Halten des Balles und schnellem Angriff umzuschalten. Die jeweils benötigten Qualitäten unterscheiden sich fundamental. Wenn dieses Umschalten eingespielt ist, wirkt es leicht und elegant. Dafür muss man aber viel tun. Sich selbst verorten. Die diversen Ansprüche trainieren. Sich mit anderen darüber verständigen und koordinieren.

Meiner Erfahrung nach hat jeder Mensch so was wie eine Lieblingsphase auf dieser Acht. Manche mögen die Aufwärtsphase, in der es um Struktur und Erhalten geht. Wieder andere fühlen sich gerade im Loslassen wohl und können mit der Unsicherheit extrem gut umgehen. Ein Dritter vermag sich selbst als Starter zu sehen. Loslegen, einfach tun, nicht viel überlegen. Wenn wir in Teams arbeiten, ist diese Zuordnung hilfreich. Dann können wir lernen, dass wir uns in den jeweiligen Phasen auf die eine oder den anderen verlassen können. Wenn es um uns selbst geht, bleibt uns das Üben. Sinnvoll ist es, sich in seiner Stammphase gut zurechtzufinden. Dort liegt Ihr natürliches Talent.

ZUKUNFT BRAUCHT STANDPUNKT

Die Zukunft ist subjektiv. Sie ist eine Imagination. Generalisierungen der Zukunft helfen uns nicht weiter. Wir brauchen individuelle Perspektiven. Wenn man mich zum Beispiel fragt: Wird es in Zukunft noch Bankfilialen geben, kann ich darauf nur antworten: Ja oder nein. Warum? Weil die Frage unbeantwortbar ist. Sie ist extrem unspezifisch: In welcher Zukunft? In wem seiner Zukunft? Was ist Zukunft für Sie – zumindest in Jahren ausgedrückt? Was ist eine Bankfiliale für Sie? Und so weiter. Das mag nach Haarspalterei klingen, ist es aber nicht. Denn wenn diese Fragen ungeklärt bleiben, kann jede Antwort auf die originäre Frage nur eine prophetische Deutung sein. Und sie ist ohne Wirkung. Denn würde ich mit Ja antworten, was würde das ändern? Nichts. Zumindest nicht für den Fragenden. Was für ihn übrig bliebe wäre eine weitere Meinung. Und er hat sicher schon Dutzende auf dem Zettel.

Bleiben Sie also spezifisch, wenn es um Zukunft geht. Stellen Sie keine generellen Fragen. Ein Beispiel: Was ist die Funktion unserer Bankfilialen in zwanzig Jahren? Eine interessante Frage, aber auch diese bleibt unbeantwortbar. Aber sie eröffnet eine Reise. Und damit den Möglichkeitsraum. Meine erste Reaktion darauf wäre eine Gegenfrage: In welcher Phase der Lazy 8 sind Sie denn gerade? Meine Vermutung wäre, dass diese Organisation in der Erhalten-Phase ist. Daher fragt man nach einer prinzipiellen neuen Funktion eines bestehenden Elementes. Meint: Was ist das Neue (zukünftige Aufgabe) des Alten (Bankfiliale). Wenn meine Annahme stimmt und die Organisation steckt im Erhalten, wie ginge es weiter? Indem wir nach den grundsätzlichen Zukunftsbildern der Organisation fragen würden. Denn die nächste Phase ist die von der Krise eingeleitete Loslassen-Phase. Es geht um neue Bilder einer Zukunft, sind diese geschaffen, kann man wieder über Orte der Organisation nachdenken. Dann kann es passieren, dass man nicht mehr »Bankfiliale« sagen würde. Aber das ist Hypothese, denn die Banken tun sich schwer, sich selbst nicht als Bank zu denken.

Nutzen Sie diesen kleinen Ausflug in die Bankenwelt als Spiegel. Bleiben Sie nicht bei generellen Fragen an die Zukunft. Achten Sie darauf, von wo aus Sie in die Zukunft starten. Diese kann nur in Ihnen entstehen. Sie ist Imagination. Je besser wir unsere mentalen Modi mit Informationen über unseren Standpunkt informieren, desto stärker werden unsere Imaginationen.

GO WITH THE FLOW

Die Zukunft ist unser ständiger Begleiter. Sie ist unsere Imagination des Abwesenden, aus dem leitende Gedanken und drängende Motivationen entstehen. Daher nutzen Sie den Flow der Lazy 8, um die Zukunft im Fluss zu halten. Diese ändert sich ständig. Was Ihnen heute als zukünftig wichtig erscheint, kann morgen schon Schnee von gestern sein. Wenn Sie im Flow bleiben, ist Ihnen das schon vorher bekannt. Sie sparen sich dann Enttäuschungen an falschen Stellen. Viele planen gern, daher arbeiten viele Menschen mit Zielen. Ziele sind aber starre Zukunftsbilder. Sie wollen die Welt formen, statt sich mit ihr zu entwickeln. Ziele sind hinderlich, wenn Sie Zukunft als dynamischen Prozess verstehen. Ziele sind hinderlich, wenn Sie die Zukunft als Möglichkeitsraum deuten. Ziele engen ein. Um zwischenzeitliche Fokussierung zu erwirken, wunderbar – aber als generelle Zukunftstechnik haben sie ausgedient.

Viele Menschen kennen das: Sie verfolgen ein Ziel. Und wenn sie es dann endlich erreicht haben, sind sie enttäuscht und leer. Weil sie vor lauter Pirsch aus den Augen verloren haben, dass sich auch ihr eigenes Leben und damit ihre Zukunft längst weiterentwickelt haben. Meine persönliche Empfehlung: Go with the Flow.

Im Flow sein bedeutet dabei nicht, sich ständig glücklich zu fühlen. Flow meint, dass Anstrengung und Widerstand in einer guten Balance sind.

JA ODER NEIN

Es gibt keinen Leitfaden, sondern eine Entscheidung: Ich bin Zukunft. Das ist die Identifikation, die wir brauchen, um Zukunft ernst zu nehmen. Zukunft ist eine Entscheidung. Ja, ich bin Zukunft. Oder nein, wie sollte ich mir anmaßen, Zukunft zu sein. Ja ist das stärkste Wort, wenn es um Führung geht. Wenn wir innig und ehrlich Ja sagen, haben wir uns auf den Weg gemacht. Ein neuer Zyklus beginnt. Ja bedeutet Orientierung. Ja bedeutet Richtung. Ja bedeutet Hingabe. Ja bedeutet Verpflichtung. Wenn wir sagen: »Ja, ich bin Zukunft«, geben wir uns selbst eine enorme Wertschätzung. Nicht egoistisch. Nicht narzisstisch. Nicht größenwahnsinnig. Sondern realistisch, im besten Sinne des Wortes.

Der wichtigste Mensch in Ihrem Leben sind Sie selbst. Geht es Ihnen nicht gut, geht es Ihren Mitmenschen nicht gut. Leiden Sie, leidet Ihre Familie. Entscheiden Sie sich, Nein zur Zukunft zu sagen, haben Sie irgendwie Nein zu sich selbst gesagt. Nein, die Zukunft hängt nicht von mir ab. Die Computer kommen, der Klimawandel rafft uns alle weg. Die Afrikaner werden Europa übernehmen. Nein, damit habe ich nichts zu tun. Das ist größer, als ich bin. Wie sollte ich mir die Zukunft zumuten!

Sagen Sie also aktiv: »Nein, Zukunft bin ich nicht.« Dann überlassen Sie anderen die Zukunft. Und zwar nicht nur die allgemeine Zukunft der anderen. Sondern vielmehr die Ihre. Zukunft ist Imagination. Wir alle tragen die Zukunft in uns als Bilder, Ideen, Visionen, Gedanken. Wir entwickeln Zukunft in uns. Die Welt »da draußen« können wir nur als Landkarten in uns nachzeichnen. Wir haben keinen direkten Zugang zur wirklichen Wirklichkeit. Aber wir haben einen Einfluss auf unsere inneren Bilder. Wir können uns für eine Zukunft entscheiden, die mit uns zu tun hat. Damit stoppen wir vielleicht nicht die Klimaerwärmung oder den Brexit. Aber wir bewegen uns voran. Wir agieren aus einem inneren Antrieb. Wir entdecken unsere Vitalität. Wir bleiben frisch. Wir nehmen uns selbst ernst. Daher hier ein Moment der Stille:

Ja,
ich bin
Zukunft?

Nein,
ich bin nicht
Zukunft?

KONTEXTE
DER ZUKUNFT

Damals nämlich standen Menschen auf mesopotamischen Hügeln, blickten flussaufwärts, sahen Überschwemmungen und Trockenheiten voraus und zeichneten Striche in Lehmziegel ein, welche künftig zu grabende Kanäle meinten. Damals wurden diese Leute als Propheten angesehen, aber wir würden sie eher Designer nennen.« In einem Aufsatz mit dem Titel »Der Blick des Designers« formuliert Vilém Flusser diese Beobachtung. Vorher zitiert er selbst, aus dem Werk »Cherubinischer Wandersmann« stammt folgender Vers: »Zwei Augen hat die Seel: eins blickt in die Zeit, das andere blickt hinweg, hinan zur Ewigkeit.«

Ein Auge betrachtet die Welt innerhalb von Zeit. Darin gibt es Abfolgen, Planungen und Technologien. Unser Alltag. Man ist an Endlichkeit und Geschwindigkeit gebunden. Wir blicken auf die Uhr. Meist um zu erkennen, wie spät es noch nicht ist: »Habe ich noch Zeit?« Dieses Auge sieht auch die Zukunft. Sie ist an Zeit gebunden. Sie hat einen Zeitstrahl – Herkunft > Gegenwart > Zukunft.

Das andere Auge erblickt die zeitlose Welt. Keine Uhr, keine Pläne. Keine Ziele und kein Zeitdruck. Der Blick »hinan zur Ewigkeit«. Weder Zukunft und Vergangenheit kommen darin vor. Was sich zeigt, ist die Beschaffenheit der Dinge. Dieses Auge sieht Grundsätzliches. Das Tempo ist raus, der Topos wird sichtbar. Der mesopotamische Prophet war ein Mensch, dem es gelang, die grundsätzlichen Zusammenhänge zu deuten.

Was Menschen vorchristlicher Zeitrechnung verwunderte, ist gängige Technik geworden. Damals wurden Menschen mit diesen Fähigkeiten als Propheten und somit von Gott gesandt bezeichnet. Heute sind Menschen mit diesen Qualitäten vielleicht Designer, wie Flusser sie nennt. Oder Wissenschaftler, Manager, Analysten. Denken wir an Isaac Newton. Er wurde in seiner Zeit als Philosoph bezeichnet. Was er in seinem Werk »Philosophiae Naturalis Principia Mathematica« 1687 verfasst hat, kennen wir alle als Grundgesetze der Gravitation. Diese nach wie vor universal gültige Beschreibung von Welt ist auch ein »Blick in die Ewigkeit«. Oder anders ausgedrückt: eine Beobachtung universeller Zusammenhänge.

ZUKUNFT IST ZEIT

Wenn wir uns mit Zukunft identifizieren, bezieht sich diese per Definition auf die Ebene der Zeit. Zukunft erzeugt in uns einen zeitlichen Richtungssinn. Selbst in der Identifikation mit Zukunft bleibt: Zukunft ist von der Zeit nicht zu trennen. Die Vorstellung von Zukunft ist immer auf das gerichtet, was noch nicht da ist. So wie die Vorstellung der Vergangenheit auf etwas gerichtet ist, das nicht mehr da ist. Der grundsätzliche Prozess in unserem Denken ist derselbe: Ob wir Zukunft oder Vergangenheit imaginieren, macht für unser Gehirn keinen Unterschied. Für unsere Deutung und Interpretation sehr wohl.

Gleichsam gibt es Zusammenhänge und Wirksamkeiten, die von universellerer Natur sind. Universelle Gegebenheiten sind der Rahmen unserer Welt und damit der Rahmen unserer Zukunft. Wenn wir uns Zukunft vorstellen, ist es ratsam, auch das zweite Auge zu aktivieren: den zeitlosen Blick. Ganz bewusst wähle ich hier nicht die Formulierung des ewigen Blicks. Zeitlos entspricht mehr der Grundidee, wenn wir uns mit Zukunft auseinandersetzen. Denn auch Newtons Schriften, haben sie auch Jahrhunderte überdauert, werden durch die Quantenphysik infrage gestellt. Menschliche Beobachtungen sind somit immer in Zeiten gebunden. Zeitlos werden sie durch die lange Haltbarkeit. Denn diese Zusammenhänge bilden den Kontext unserer Weltumgebung. Die Technik, die wir dafür anwenden können, ist das Denken in Systemen. Eine ganze Theorieform hat sich daraus entwickelt: die Systemtheorie. Diese wird immer populärer, je mehr die Komplexität der Welt das Denken in einfachen Kausalitäten ausschließt.

Unlängst wollten wir in unserem Webshop des Zukunftsinstituts den Bezahlvorgang ändern. Eigentlich eine Kleinigkeit. In der Diskussion mit dem Team wurde aber schnell klar, wie komplex die Zusammenhänge sind.

»Wir müssen noch mit der Buchhaltung sprechen.«
»Buchhaltung, warum? Wir ändern ja nur das Log-in.«
»Aber das hat Auswirkungen auf die Verbindungen zum CRM-System, und das wiederum hängt direkt an dem Buchhaltungsprogramm, was sich wiederum mit dem Bankkonto updatet.«

»Wie bitte? Und wenn wir das einfach ändern, ohne mit der Buchhaltung zu sprechen?«

»Dann wissen wir einfach nicht, was passieren wird. Jedenfalls werden wir ein Schlamassel haben. Das kann ich jetzt schon sagen.«

Eine kleine Änderung kann unvorhersehbare Wirkungen haben. Es nützt nur bedingt, alles vorauszudenken. Wichtiger ist, dass alle involviert werden, damit der Lauf der Dinge beobachtet wird, um schnell Feedback zu erhalten. Nicht umsonst kommt aus der Welt der IT das Arbeiten in agilen Teams. Nicht weil eine schlaue Theorie sich durchgesetzt hat, nein, weil der Anspruch aus der Praxis unweigerlich dominierte. Man kann IT nicht zu hundert Prozent planen und glauben, dass es dann auch genauso wird. IT-Entwicklungen sind lebendige Prozesse permanenter Antizipation und Adaption. Dahinter stehen technologische Zusammenhänge – komplexe Systeme.

DENKEN IN SYSTEMEN

Ein System ist ein Set von einzelnen Variablen: Menschen, Zellen, Moleküle, Technologien, Einrichtungen, die so miteinander verbunden sind, dass dadurch eigene Verhaltensmuster entstehen. Bleiben wir bei dem Beispiel: Ein Bezahlvorgang in einem Internetshop ist ein komplexes System. Es gibt einzelne Variablen, die dabei eine Rolle spielen: Die Shop-Software, ein CRM-System, ein Buchhaltungsprogramm, ein Bankkonto, ein Internet-Browser, ein Kunde, der den Shop bedient, ein Mitarbeiter, der den Shop bedient, eine Mitarbeiterin in der Buchhaltung, die Gesetzgebung mit ihren Rahmenbedingungen … Zwischen diesen Variablen herrscht ständiger Austausch. Die Software mit ihren Algorithmen und Schnittstellen, die Menschen mit ihrem Verhalten – ein komplexes Muster. Die Summe der Interaktionen ist deutlich mehr, als würde man nur einen Teil beobachten. Die Kunst ist es, sowohl die eine Variable – nehmen wir den Webshop – zu beobachten und die Zusammenhänge zu erkennen. Die Frage lautet: Welche Muster werden sichtbar? Welche Auswirkungen hat es, wenn man an der einen oder anderen Schraube dreht?

Wenn wir die Welt in Systemen beobachten, lernen wir, einen sehr differenzierten Blick zu entwickeln. Systeme haben Grenzen und bilden Plateaus und Verdichtungen genauso wie lose Koppelungen. Sie erzeugen eigenständige Verhaltensweisen und Feedback-Schleifen. Jedes System ist heute immer auch technisch verbunden. Das bedeutet: In den Rückkoppelungseffekten ist Technologie relevant. Die Verbindung von sozialen Systemen und Technologie ist es, die im Moment viele Schwierigkeiten erzeugt. Denn die Technologie erzeugt Verbindungen, die in reinen Mensch-zu-Mensch-Systemen keine Rolle gespielt haben. Auch ein Grund, warum wir so vieles im Moment neu lernen müssen.

Denken Sie nur an das System »Straßenverkehr«: Eigentlich ein System, das wir schon lange kennen, bereits im Römischen Reich gab es ein unbeschreibliches Netzwerk an Straßen. Die Technologien haben die Gesellschaften immer wieder aufgefordert, neue Verhaltensmuster zu erzeugen. Beschleunigt wurde der Effekt durch die Technik: Die Motorisierung um das Jahr 1900 hat in den folgenden Jahrzehnten dazu geführt, dass die Benützung von Straßen geregelt werden musste. Straßenschilder aufzustellen war keine Idee einer Regierung. Mitglieder von Motorrad- und Autofahrer-Clubs, wie der deutsche ADAC, haben damit begonnen, selbst entwickelte Schilder aufzustellen. Das Benützen der Straßen ohne Regeln wurde zu gefährlich. Was wir heute als Straßenverkehrsordnung kennen, hat seinen Ursprung in der Adaption des Systems Straße selbst. In den Bedingungen des 21. Jahrhunderts spielt nun der Computer auf den Straßen eine Rolle. In Form von Smartphones beispielsweise, sie beeinflussen, wie sich Individuen bewegen. Oder in Form von Leitsystemen, Satellitenüberwachung, intelligenten Ampelsteuerungen, autonomen Fahrzeugen. Damit wandelt sich das System Straße und Verkehr erneut. Und die nächsten Anpassungen werden folgen. Eigene Smartphone-Gehwege in China sind nur ein lustiges Beispiel.

Diese Adaption entspricht auch einer wesentlichen Eigenschaft von Systemen. Und ist ein System erst mal etabliert, versucht es sich selbst am Leben zu halten.

SYSTEME SIND DIE MODERNSTE FORM, DIE WELT ZU DENKEN

Denken in Systemen bedeutet: in komplexen und universellen Zusammenhängen zu beobachten. Es ist die modernste Form des Denkens. Stellen wir dem System-Denken beispielsweise die Linearität gegenüber. Denken wir linear, so glauben wir an klar kausale Wirkungen. Dann wäre das Ändern des Webshops ein Kinderspiel: Einfach machen. Dann wäre der Bau von Immobilien super einfach: Lage, Lage, Lage. Doch wie wir sehen, stimmen diese einfachen Schlussfolgerungen nicht mehr. Oder immer weniger.

Erstens: Alles, was wir über unsere Welt wissen können, sind intellektuelle Modelle. Jedes Wort, selbst Sprache. Jede Landkarte und Statistik, jede Datenbank. Alles Modelle, die wir uns im Laufe unseres Lebens und der Interaktion mit anderen gebildet haben. Zweitens: Die Modelle, die wir kennen und anwenden, sind ausgefeilt und reflektiert. Sie sind bestmöglich kongruent mit der wirklichen Wirklichkeit. Dieses Lernen macht uns als Menschen erfolgreich. Wir haben über Jahrtausende Prozesse der Antizipation und Adaption hinter uns. Nicht immer waren diese Prozesse leicht und ohne Rückschläge und Schicksale. Und dennoch sind wir weit gekommen. Und drittens sind unsere Modelle Landkarten einer Welt, zu der wir letztlich keinen Zugriff haben. Alle Modelle greifen zu kurz und können nicht die wirkliche Wirklichkeit repräsentieren. Daher machen wir Fehler, sind überrascht über Entwicklungen auf der Welt. Wir sind selbst mit modernsten Sensoren nur in der Lage, Bruchteile der permanenten Veränderungen zu erkennen. Wir ziehen häufig zu schnelle und letztlich inkonsistente Schlüsse. Wir suchen nach einfachen Antworten auf komplexe Sachlagen. »Wir können das Oszillieren komplexer Systeme überhaupt nicht nachempfinden.« (Donella H. Meadows.)

UNSER WISSEN IST GROßARTIG, UNSERE IGNORANZ NOCH VIEL MEHR

Dieser Satz stammt von der Systemforscherin Donella H. Meadows. Er fasst zusammen, in welchem Zustand wir in Bezug auf das Welt-Wissen sind. Wir wissen so viel, wie noch keine Generation von Menschen jemals zuvor wissen konnte. Täglich mehrt sich die Menge an Informationen, die uns zur Verfügung steht. Nur Information ist leider nutzlos. Wissen ist gebunden an die Fähigkeit, Informationen kongruent zu verarbeiten. Dafür brauchen wir Modelle und Konzepte der Welt, die uns helfen, diese komplexe Grundlage von Weltbeziehungen zu verstehen. Und dabei sind wir ignorant.

Die Familie Rosling aus Schweden ist bekannt dafür, dass sie diese Ignoranz immer wieder herausfordert. Der »Ignoranz-Test« von Hans Rosling führt uns allen deutlich vor Augen, wie wenig wir wirklich wissen. Trotz überbordender Informationslage. Eine typische Frage in dem Test lautet: Wie hoch ist die Lebenserwartung der Menschen weltweit: 50, 60 oder 70 Jahre? Wie würden Sie das beantworten? Die richtige Antwort ist 70 Jahre. Die überwiegende Mehrheit der Menschen, die den Test gemacht haben, lag falsch. Sie schätzen die Fakten geringer ein. Wer mehr über den Ignoranz-Test erfahren möchte, dem sei die Webseite gapminder.org empfohlen. Was uns dieser kleine Ausflug in die Welt der Statistik zeigt: Wir wissen eine Menge, aber wir ignorieren noch viel mehr. Das liegt an der schieren Menge an Informationen, die wir zu verarbeiten haben. Gekoppelt an wenig wirklichem Wissen darüber, wie wir mit Wissen umgehen können.

EINMALERFINDUNGEN PRÄGEN DIE ZUKUNFT

Das Denken in Systemen kann uns helfen, unsere Modelle der Welt näher an die Komplexität der Welt heranzuführen. Denken in Systemen bedeutet, in Zusammenhängen und Dynamiken zu denken. Das fällt uns nicht nur schwer. Es wird uns sogar abtrainiert. Sie erinnern sich an die kleine Geschichte mit der Schülerin, die zu vernetzt gedacht hat. Unsere Systeme, wie etwa das

Bildungssystem, sind für eine andere Welt gebaut. Würden wir Schule heute auf der grünen Wiese neu errichten, wir würden sie nicht wiedererkennen. Aber auch hier sehen wir, wie unsere Wirklichkeit wirkt: Allein der Begriff Schule weckt ein Muster in uns und wir denken an Klassenräume, Schultafeln und Lehrer, die vor einem stehen. Systeme sind gebaut und erfunden und strukturieren unser Leben. Viele dieser Systeme sind sogenannte Einmalerfindungen. Dies bedeutet, dass gewisse Systeme fertig sind und nicht nochmals erfunden werden können.

Ein Beispiel: Eine essenzielle Systemform ist die der Organisation. Wann immer Menschen gemeinsam etwas tun und sich somit in Gruppen zusammenschließen, erzeugt sich eine Organisation. Wir organisieren uns. Diese ist markiert durch Sprache, Bilder und Rituale. Ein Unternehmen hat ein Logo, eine gewisse Sprache und erzeugt Rituale des gemeinsamen Tuns. Ein Verein ebenso. Wie auch eine Behörde. Selbst Familien sind Formen von Organisationen. Manchmal sind diese formell, oft auch nur informell – wenn zum Beispiel Freunde eine Reise planen. Wenden wir den systemischen (und damit zeitlosen) Blick auf Organisationen an, können wir Muster erkennen. Universale Muster, wie zum Beispiel Entscheidungsstrukturen. Organisationen bilden immer Hierarchien. Denn diese sind Voraussetzung dafür, dass Entscheidungen getroffen werden können. In klassischen Konzepten der Organisation sind diese von oben nach unten strukturiert. Es gibt den König und den Bauern, es gibt den Chef und den Mitarbeiter oder den Priester und den Ministranten. In Familien gab es lange so etwas wie das Familienoberhaupt. Meist der Mann. Mit dem Wandel der Gesellschaften entstanden neue Formen der Entscheidungsverteilung. In Firmen setzten sich agile Strukturen durch, in Familien wird gemeinsam entschieden. Wofür es neue Rituale gibt: den Familienrat. Oder in Unternehmen eine Gremium-Struktur. Was bleibt: Keine Organisation kann ohne Hierarchie auskommen. Es kann zwar sein, dass diese Hierarchien sich nicht mehr in klassischen Oben-unten-Organigrammen darstellen lassen. Dennoch ergibt sich eine Hierarchie der Dinge. Das ist universal im System »Organisation« und lässt sich nicht ändern.

Durch die Blockchain-Technologie ermuntert gibt es eine weltweite Bewegung, die sich DAO nennt. Das steht für Dezentral Autonome

Organisationen. Die Idee: Jegliche altbekannte Struktur der Hierarchie soll abgelöst werden. DAOs können kleine Teams sein oder groß angelegte Unternehmungen. Es gibt schon DAOs mit bis zu 5000 Mitarbeitern. Auch die digitale Währung DASH ist als DAO gestartet. Hierarchiefrei sind aber selbst DAOs nicht. Sie sind von irgendjemandem gestartet: Damit setzt sich schon eine Hierarchie durch den Gründer fest. Dann gibt es Funktionen, die eine Organisation erfüllen muss. Und es gibt Entscheidungen zu treffen. DASH hat heute einen CEO, CTO, CFO usw. Man kommt um die Frage von Hierarchien nicht herum.

Eine weitere universelle Grundlage von Organisationen: Sie bilden Grenzen. Sie setzen eine Differenz zwischen Innen und Außen. Damit etabliert sich ein Wir und ein Ihr. Es formen sich Identifikationsmuster. Egal ob beim Freundinnen-Ausflug oder beim Weltkonzern.

Es gibt Systeme, die sind Einmalerfindungen. Wie zum Beispiel die der Organisation. Diese Einmalerfindungen sind zeitlos. Sie sind Bedingung der Zukunft. Diese Erfindungen setzen Grundlagen, die wir nicht ohne Weiteres widerrufen können. Man kann modellieren und umstrukturieren. Aber eben nicht noch mal erfinden. Weitere Beispiele für Einmalerfindungen: Familie, Kirche, Universitäten, Theater, Märkte. »Diese Phänomene sind einmal in die Welt gekommen und gelten seither zumindest im Kern als unverhandelbar, weil sie viele Probleme gelöst haben.« (Dirk Baecker.) Wir können davon ausgehen, dass es all das Genannte noch lange geben wird, nicht ohne Wandel, nicht ohne strukturelle Veränderung. Als Individuum mögen wir dazu eine Meinung entwickeln. In der Überlegung der Zukunft können wir davon ausgehen, dass diese Systeme Teil unserer Umwelt sind. Systeme sind stärker als Individuen. Selbst ein gottähnlicher Konzernpatriarch kann nicht von heute auf morgen sein Imperium wandeln.

SOZIALE SYSTEME SIND, WIE WIR DENKEN

Als Menschen sind wir immer in Umwelten und Umfelder eingebunden, in sozialen Systemen unterschiedlicher Dimension. Wir sind in Beziehungen,

Familien und Vereinen, in Teams, Unternehmen und Kooperationen, Dörfern, Städten und Regionen. Das alles sind soziale Systeme, die unseren Alltag prägen und auf unsere Zukunft einwirken. Nicht nur die systemischen Setzungen wirken, auch die Stimmungen in den jeweiligen Systemen schwappen auf unsere Zukunftsbilder über. Wie beispielsweise die im Moment in Europa vorherrschende Idee, dass die Zukunft eher ein Problem sei. Laut einer Studie der Bertelsmann-Stiftung sehen 69 % der Europäer in der Vergangenheit einen besseren Ort als in der Zukunft. Nun ist das nur eine Statistik, aber nachvollziehbar. Viele ungelöste Probleme liegen in der Gegenwart: Erderwärmung, Alterung, soziale Unruhen, technologische Disruptionen – Menschen machen sich Sorgen. Können wir in den kommenden Jahren unseren Wohlstand erhalten, können wir unseren Kindern eine lebenswerte Welt hinterlassen? Diese Fragen erzeugen Emotionen und damit Bilder in unseren Köpfen, die anerkannt werden wollen und denen wir uns nicht entziehen können.

Desto wichtiger erscheint mir die Aussage: Wenn es um Ihre Zukunft geht, sind Sie, und nur Sie, der wichtigste Mensch in Ihrem Leben. Denn was auch immer um Sie herum geschieht, es wirkt auf Sie ein. Dies zu erkennen bedingt, dass Sie sich selbst als Individuum ernst nehmen. Nicht im Sinne eines ausgeprägten Egoismus. Je mehr Sie die Bilder, die um Sie herum entstehen, unreflektiert annehmen, desto enger machen Sie Ihren persönlichen Möglichkeitsraum. Ihre Beobachtungsfähigkeit wird verringert, Sie haben weniger Potenzial, sich zu entfalten.

DAS DIGITALE N-ICH-T

Die vorhin beschriebenen Stimmungen und Bilder strömen mittlerweile digital und ungebremst in unsere Wirklichkeit. Dabei hat alles so optimistisch begonnen: Jedes Jahr wählt das amerikanische »Time Magazine« die Person des Jahres. Winston Churchill (1969), Deng Xiaoping (1978), Johannes Paul II. (1994), Barack Obama (2008), Mark Zuckerberg (2009), Angela Merkel (2015), um nur einige zu nennen. Üblicherweise sind das global wirksame PolitikerInnen, WissenschaftlerInnen oder

UnternehmerInnen. 2006 kürten die Verantwortlichen eine ungewöhnliche Person des Jahres, nämlich: DU (YOU). Dieses DU stand im Jahr 2006 in unmittelbarer Verbindung zu den sich im Web ergebenden Möglichkeiten, dass jede und jeder Einzelne sich einbringen, Autor sein und seine Stimme weltweit erheben kann. Das Magazin hat die Entwicklungen der damaligen Zeit antizipiert und verstanden. Immer mehr Menschen sind in der Lage, eigene Inhalte zu entwickeln und dies in Wikipedia, YouTube, Facebook, Myspace und dergleichen zu veröffentlichen. Möglich machte dieses publizierende DU eine ganze Schar an »Content Creators«, wie man es damals nannte. Individuen, die sich einbringen in den öffentlichen Raum. Individuen, die aufhören, nur Empfänger von Massenmedien zu sein, und beginnen, selbst ihre eigenen Medien zu bespielen. Was danach kam, ist längst Geschichte: Der Erfolg von Twitter, Facebook und Co. ist uns allen bekannt. Aus dem Content wurden soziale Medien, aus den Creators wurden Influencer. Kaum noch kann man an dem sozialen Leben teilnehmen, wenn man sich nicht in sozialen Netzwerken bewegt. Die Apparaturen der sozialen Medienmacher wurden auf Basis des schnellen Wachstums immer ausgeklügelter. Facebook und Co. haben gelernt, wie wir »Content Creators« es lieben, diese Medien zu nutzen. Sie bauten und bauen Algorithmen, die unsere Faszination aufrecht halten. Sie testen in sogenannten AB-Tests, welche Informations-Designs uns schmecken. Sie greifen auf die Forschungsarbeit der Wettindustrien zurück, um uns abhängig zu machen: Wie oft muss man welche Nachrichten sehen, um am Tropf zu bleiben? Wie viel Posts brauchen wir, um immer wieder nach dem nächsten zu suchen? Diese Fragen können die Macher der sozialen Medien heute leicht beantworten. YouTube beispielsweise: In den offiziellen Richtlinien wird verkündet, dass die Seite für Menschen ab 13 gedacht ist. Unter 18 braucht man eine elterliche Erlaubnis. Aber ehrlich, wen kümmert das? Währenddessen trackt YouTube jeden Besucher über die IP-Adresse und entwirft daraus ein detailliertes demografisches Präferenzprofil. Damit wird die Empfehlungsmaschinerie gefüttert, ohne dass man als User davon weiß.

Die allermeisten Dienste des »Content Creating« sind für User ohne Gebühr zu benutzten. Freemium nennt die Branche dieses Geschäftsmodell. Für die »Content Creators« kommt dies jedoch nicht ohne Preis. Ein Beispiel: Die koreanischen Macher des PotHits »Gangnam Style«

bekamen für ihre ersten 1,23 Milliarden Views acht Millionen Dollar. Das Video war das erste, das eine Milliarde YouTube-Zuschauer knackte. Woher kommen diese Millionen? Aus den Werbegeldern, die bei YouTube ausgegeben werden. Woher sonst?

Im Hintergrund laufen also hochgerüstete Werbemaschinen, die zeigen, welche Interessen wir haben. Sie empfehlen uns, was wir kaufen sollen. Der Meilenstein, den das »Time Magazine« 2006 erkannte, war der Startschuss in eine Zeit digitaler Selbstaufmerksamkeit. Was als Revolution und Freiheit gemeint war, ist eine Maschine des digital erfassbaren DU geworden. Oder, wie ich es nennen möchte, des n-ich-t. Netzwerke und Technologien klammern unser Ich ein. Sie tun so, als wären sie dieses Ich. Und wir können kaum mehr differenzieren, woher die Bilder in unserem Kopf stammen.

WIR SUCHEN, WAS UNS FINDEN WILL

Den vorläufigen Höhepunkt dieser n-ich-t-Propaganda hat nicht zuletzt die Wahl von Donald Trump dargestellt. Die Spezialisten von Cambridge Analytica konnten die individuellen Spuren von Millionen via Facebook identifizieren. Daraus wurden Muster erkennbar und zu Persönlichkeitsprofilen modelliert. Diese dienten dazu, die scheinbar meinungsschwachen Menschen zu manipulieren. Ihre freie Wahl für eine politische Partei sollte erleichtert werden. Alle kommunizierenden Entitäten des öffentlichen Lebens wollen in unsere Ich-Welten eindringen, um dort eine signifikante Rolle zu spielen, von Unternehmen über Parteien bis hin zu Bewegungen wie Fridays for Future. Daher gründen Parteien eigene Fernsehsender, publizieren große Facebookseiten und entwickeln differenzierte Kanäle, um so viele Ichs wie möglich zu sammeln. Wir sind mittendrin in digitalen Systemen, die wir alle als Blasen des eigenen Lebens erfahren.

Jeder kennt das Gefühl, dass die Werbung, die man digital gespielt bekommt, gespenstisch das zeigt, wonach wir insgeheim suchen. Ob Buchtitel oder Rasenmäher, ob Wein oder Mann. Durch die Mechanismen der sozialen Kanäle wird unser Verhalten derart gespiegelt, dass wir uns in Schleifen von uns selbst wiederfinden. Wir entdecken dann auf Amazon Anzeigen von Produkten, über die wir gerade erst nachgedacht haben. Wir erkennen auf Instagram Bilder von Menschen und Dingen, die uns interessieren. Wir bekommen von Netflix Filme vorgeschlagen, die unserem Sehverhalten ähneln. Selbst die Google-Suche ist längst nicht neutral, sondern individualisiert auf unsere eigenen Klickgewohnheiten hin. Wir finden nicht mehr das, wonach wir suchen, längst werden wir gefunden.

Diese Welt hört aber nicht bei Video-Dienstleistern und sozialen Medien auf. Tracking Devices helfen uns unser Leben zu optimieren, Einschlaf-Apps lullen uns in den Schlaf, Landkarten schlagen unseren Wünschen entsprechende Restaurants vor, Musik wird nur mehr für mich in Playlisten gepackt, Schuherzeuger beginnen mit 3D-Druckern den einen – meinen! – Schuh zu machen. Auch die Zukunft der Medizin verspricht individualisierte Pillen und Devices, die mir, und nur mir helfen, diese Welt gesund zu ertragen. Plattformen über Plattformen werden gebaut, um letztlich meinem Ich zu dienen. Dabei ist dieses Ich eben ein n-ich-t, ein idealisierter Abklatsch eines Menschen. Denn nicht nur dass die Aufmerksamkeitsfresser sich um uns herum bauen. Sie wollen uns auch formen und gestalten. Durch Bewertung beispielsweise. Wer Uber als Fahrdienst nutzt, wird von jedem Fahrer bewertet. Und ja, natürlich darf auch der Gast den Fahrer bewerten. Gleiches passiert bei dem Wohnungsvermittler Airbnb: Gast und Gastgeber bewerten sich gegenseitig. Und Achtung: Jede Bewertung kann zu einem Ausschluss führen. Es handelt sich also um ein gegenseitiges Referenzsystem, das beide Seiten zu kontrollierbaren Einheiten macht. Denn: Im Digitalen ist jedes n-ich-t ein Code, eine Nummer. Diese wird gescreent, mit Modellen eingestuft und bewertet und letztlich mit Referenzbewertungen – der Fahrer den Gast, der Gast den Fahrer – doppelt gecheckt. Jedes Ich wird zu einer Rechenleistung und in Zahlencodes übersetzt. Damit entsteht auf der Datenebene eine neue Realität, eine scheinbare Objektivität. Zahlen und Daten sind in unserem kulturellen Verständnis immer noch mit dem Nimbus der Objektivität verbunden. Da können auch Börsencrashs nichts daran ändern. Wofür das Ganze? Für die scheinbare Erhöhung unseres Komforts, für die Erfüllung unserer Sehnsüchte? Für eine Zukunft in der n-ich-t-Blase?

Das optimistische, Inhalt erzeugende YOU von 2006 ist aufgegangen in einem n-ich-t, das sich in einer Blasen-Öffentlichkeit des eigenen Ich dauernd reproduziert. Erzeugt aus Erinnerungen und vergangenem Verhalten. Abgebildet in digitalen Spuren. Damit werden diese Blasen gebildet, forciert und bespielt. Durch Algorithmen. Doch jeder Code hat eine Absicht. Und hinter jeder Absicht steckt ein Weltbild. Und so finden wir uns mit unserem n-ich-t inmitten von Absichten und Weltbildern wieder, die von anderen erschaffen sind. Sie tun nur so, als wären sie die unseren. Aber nicht nur das: Dieses n-ich-t kann auch prognostiziert werden. Denn unser eigenes Verhalten ist nicht zufällig, sondern eintrainiert. Dieses Verhalten servieren wir auf dem Silbertablett der Sensoren – von Tastaturen, Kameras, Bewegungssensoren, Mikrofonen, Chips. So können diese Sensoren erkennen und auf Serverfarmen speichern, was wir gestern und letztes Jahr getan haben. Daraus entwickelt sich ein Muster, das als Konsequenz dann mehr über uns selbst weiß als wir selbst. Diese digital nachvollziehbaren Muster machen plötzlich das Unsichtbare sichtbar. Der Hintergrund unseres Verhaltens wird zum Vordergrund von Code-Entscheidungen. Denn unser Verhalten wird nun minutiös protokolliert und in Relation gesetzt. »Du hast diesen Film gesehen, dir könnte auch das gefallen.« Und so bleiben wir in diesen n-ich-t-Erwartungen und drehen uns in unseren Blasen im Kreis. Denn eine Bewegung oder Anstrengung ist kaum mehr möglich, aber auch nicht nötig. Was uns finden will, suchen wir schon.

Aber natürlich sind wir Menschen lernfähig: So machen sich heute viele junge Internetuser bereits den Spaß, mit diesen Blasen zu spielen. Sie surfen ganz bewusst auf Internetseiten, von denen sie danach gefunden werden wollen. Über diesen Mechanismus wollen sie den Algorithmus täuschen, die Künstliche Intelligenz trainieren, um selbst zu entscheiden, in welcher Blase – sprich mit welcher Werbung – sie leben wollen. Große Anbieter wie Google gehen immer offensiver damit um und lassen ihre User entscheiden, wie viele Daten wie lange gespeichert werden dürfen. Von wie vielen Daten wissen wir tatsächlich Bescheid?

VITALE WIRKLICHKEIT DURCH DENKEN IN SYSTEMEN

Wie aber ist es überhaupt möglich, dass wir uns in diese n-ich-t-Welt begeben haben, ohne aufzubegehren oder uns zumindest zu wundern? Die Grundlage dafür liefert die sogenannte Digitalisierung. Auch wenn dieser Begriff viel zu weit und diffus ist, um ihn jemals konkret zu greifen. Dennoch stecken in den n-ich-t-Entwicklungen immer Daten und Datenverarbeitung. Dass es so weit gekommen ist, dafür kann man aber nicht die Technik alleine verantwortlich machen. Denn Technologie geht die Wege, die wir Menschen ihr ermöglichen. So formuliert der Soziologe Armin Nasehi in seiner Theorie der sozialen Gesellschaft, dass » … die Digitalisierung nicht nur eine soziale Erscheinung ist, sondern sogar ein soziologisches Projekt. Vieles von dem, was die Digitalisierung betreibt, ist von geradezu soziologischer Denkungsart: Sie nutzt soziale Strukturen, sie macht soziale Dynamiken sichtbar und sie erzeugt aus diesen Formen der Mustererkennen ihren Mehrwert«. Das bedeutet, dass durch die Technologie soziale Dynamiken und Realitäten genutzt und erzeugt werden, die dennoch bereits vorher angelegt sein müssen. Wer bräuchte ein Radio, wenn es nichts gibt, das gesagt werden könnte. Nasehi sagt das so: »Rundfunk und Rundfunktechnik setzen ein Reservoir von Sagbarem voraus … « Und es setzt ein Publikum voraus, das sich durch das im Radio Verbreitetem motivieren lässt, sich einen Radioempfänger anzuschaffen. Was uns dieses Beispiel zeigt, ist, dass Technologie auf bereits in uns angelegten Bedürfnissen oder Problemen reagiert. Diese können durch die Technologie selbst geweckt werden. Aber gäbe es nichts zu sagen oder zu kommunizieren, würde auch niemand ein Radio kaufen. Dass die Verbreitung des Radios oder auch des Fernsehers heute völlig abgeschlossen ist, ist jedem bekannt.

Die Entwicklung der Medien spielt eine große Rolle in unserer Wahrnehmung von uns selbst. Sie erzeugen die kommunikative Realität, in der wir leben. Insofern ist die Medienentwicklung auch unglaublich spannend. Informationen verbreiten sich rasend schnell, danach deuten und bewerten wir die Welt. Die Art, wie dies geschieht, beeinflusst unsere Fähigkeit, Realität zu erzeugen und Zusammenhänge zu erkennen.

In jedem nur erdenklichen Ding ist ein Chip drin, der rechnen kann. Somit ist die Computertechnologie unsere mediale Wirklichkeit. Wir sind vernetzt, gehetzt und ständig besetzt. Informationen schwirren in unseren Kopf hinein und hinaus und kennen kein Ende. Und ob unsere Kommunikation eine zwischen Menschen ist, kann nicht mehr garantiert werden. Es lebe der Chatbot. Folgt man den Überlegungen des Soziologen Dirk Baecker, so leben wir in der sogenannten nächsten Gesellschaft. Also einer Gesellschaft, deren kommunikative Basis der Computer ist. Wir lösen damit die Moderne ab, deren Fundament das Buch ist. Auch die Einführung des Buchdrucks war eine gigantische Medienrevolution, die Wahrheit und Wirklichkeit kräftig durcheinandergebracht hat. Ganz vergleichbar unserer Zeit. Es leben die Fake News. Vor dem Buchdruck war es die Schrift, die eine neue Medienepoche bewirkte. Dies war überschaubarer, denn schreiben konnten nur wenige. Wer es konnte, dem wurde Wahrheit und Weisheit zugestanden. Gute alte Zeit? Vor der Schrift kannten Menschen nur das Wort, die Sprache. Im Verlauf der Epochen hat die Schrift nicht die Sprache ausgelöscht und der Buchdruck nicht die Schrift. Wie auch der Computer nicht das Buch in seiner Funktion ablöst. Aber jedes Mal erlebten und erleben wir gravierende Veränderungen, wie wir aus den uns zur Verfügung stehenden Informationen Bedeutung generieren. So haben wir im Moment noch immer die Idee, dass mehr Informationen besser sind. Wir glauben: je mehr Daten, desto mehr Wissen.

Das Gegenteil ist der Fall. »Mehr Information bedeutet selbst für die fortschrittlichsten informationsverarbeitenden Organisationen nicht automatisch mehr Verständnis«, sagt der Autor James Bridle, dessen Background Computer Science und Cognitive Science ist. Mehr ist nicht besser. Mehr führt zu weniger Überblick. Um in stark vernetzten und interagierenden Umfeldern zu navigieren, brauchen wir eine Abkehr von kurzfristigem Denken. Wir benötigen einen Blick in die langfristigen

Strukturen. Gerade jetzt. Konterintuitiv zur »Alles-wird-immer-schneller«-Rhetorik unserer Zeit, die sich an den täglichen Ereignissen orientiert. Im Kontext digitaler Entwicklungen ist der Blick in die Systeme und universellen Wirksamkeiten bedeutender denn je. Die Frage der Zukunft entscheidet sich in unserer Imagination. Wird diese nur mehr durch kurzfristige Events und Informations-Lawinen beeinflusst, ist unsere Zukunft arm. Arm an Leben, arm an Schwung und Substanz. Das Denken in Systemen hilft uns, Blick und Daumen vom Smartphone zu nehmen. Wir erleben uns dann selbst in größeren Zusammenhängen. Wir erkennen die Vitalität hinter den Kulissen. Und enttarnen die n-ich-t-Propaganda.

WIE SIE IN SYSTEMEN DENKEN

Der Blick in die Ewigkeit braucht Übung und Geduld, es geht nicht von heute auf morgen. Nehmen Sie sich die folgenden Einsichten Schritt für Schritt vor. Am besten nehmen Sie dafür ein leeres Blatt Papier zur Hand und zeichnen. Oder Sie malen es sich vor Ihrem geistigen Auge aus. Es geht leichter, wenn Sie Systeme visualisieren. Schritt für Schritt.

In der Systemtheorie spricht man von einem »Beobachter«, der ein System liest und interpretiert. Die Position des Beobachters ist eine ganz spezielle. Ein Beispiel: Es findet ein Tennisspiel statt. Wenn Sie systemischer Beobachter sind, sind Sie: nicht der Spieler, nicht der Schiedsrichter, nicht der Coach. Sie sind auch nicht Publikum, auch kein Kommentator. Sie sind nicht zu Hause und sehen das Spiel im TV. Als Beobachter nehmen Sie eine unmögliche Position ein. Stellen Sie sich vor, Sie schweben über dem Tennisstadion. Von dort sehen Sie die Zusammenhänge. Sie erkennen den Rettungsdienst, der im Schatten wartet. Die Zuschauer, die früher nach Hause gehen. Den Regiewagen. Sie sehen alles. Und sie zeichnen Linien und Kästchen, um zu erkennen: Was hängt wie zusammen. Damit erkennen Sie Muster, die niemand sieht, der drinnen ist. Sie nehmen eine echte Meta-Position ein.

Da wir nicht schweben können, müssen wir uns diese Position im Denken erarbeiten. Je besser Ihnen das gelingt, desto mehr blicken Sie in die Ewigkeit. Sie erkennen universelle Gegebenheiten. Sie werden schon sehen!

WAS IST DAS SYSTEM?

Definieren Sie, was Sie beobachten. Ein Unternehmen? Ihre Familie? Die Gesellschaft? Den Straßenverkehr? Entscheiden Sie, welches System Sie interessiert. In welchen systemischen Kontexten ist Ihre Zukunft verortet? Wenn Sie sagen: Ich bin Zukunft! Welche Systeme werden dabei eine große Rolle spielen? Schreiben Sie das auf.

Was sind die Grenzen des Systems?

Wo hört das eine auf und ein anderes beginnt? Gehört ein Freelancer noch zu Ihrem Unternehmen? Ist die Freundin Ihres Sohnes Teil Ihrer Familie? Im Denken in Systemen sind Sie aufgefordert, mit Unterscheidungen präzise umzugehen. Immer wieder fällt mir auf, dass wir uns schwertun, systemische Grenzen zu erkennen. Unser Alltag ist übercodiert, wir erhalten zu viele divergierende Informationen gleichzeitig. Daher füllt sich unser Gehirn mit Info-Schrott – Assoziationen, Zuschreibungen, Modellen, Produkten. Unterscheidungen und Variablen sehen wir kaum mehr, lieber machen wir die Sachen kompliziert und reden viel.

In Systemen zu denken, heißt in Unterscheidungen zu denken. Wo ist ein System aus, wo fängt das nächste an. Häufig höre ich: »Na ja, das könnte man so oder so sehen.« O. k., wenn es aber um Ihre Zukunft geht, müssen Sie Unterscheidungen treffen können. Ist die Freundin Ihres Sohnes Teil Ihrer Familie oder nicht? Dementsprechend wandelt sich ihre Rolle im System. Die Dynamik des Systems wird damit erweitert. Zeichnen Sie einen großen Kreis, er definiert die Grenze.

Welche Variablen sind involviert?

Die Schärfe in der Unterscheidung gilt auch bei den Variablen: Was sind die entscheidenden Variablen in dem System? Denken Sie an den Verkehr: Straßen, Regeln, Autos, Fußgänger, Verkehrszeichen, Busse, Bahnen. All die Variablen spielen eine Rolle. Denken Sie an Ihre Familie: die Menschen, Rituale, Wohnung, Geld, Nachbarschaften; oder nehmen Sie Ihren Job: Entscheidungsstrukturen, Kollegen, Hierarchien, Resultate,

Betriebsmittel, Konkurrenz, Technologie. Zeichnen Sie jede Variable als Kästchen im Kreis.

Beobachten Sie Dynamik

Jede Variable hat ihre eigene Dynamik. Wie schnell verändert sie sich; wie schnell bewegt sie sich; was hält diese Stabilität? Wenn Sie die Variable Autobahn im System Verkehr nehmen, geht von dieser eher Stabilität aus. Autobahnen haben eine lange Halbwertszeit, sie können nicht einfach schnell geändert werden. Daher sind sie für das System Straße eine stabilisierende Variable. Wohingegen wir Menschen eine hoch dynamische Variable sind. Wir bewegen uns zwar in Kollektiven auf den Straßen, wie die morgendlichen Rush Hours bezeugen. Wir handeln aber oftmals irrational. Manchmal sind wir Fußgänger, dann wieder Autofahrer. Damit sind wir dynamischer und unberechenbarer. So hat jedes System unterschiedliche Variablen mit diversen Dynamiken. Notieren Sie bei den Variablen: schnell oder langsam oder statisch.

Achten Sie auf Informationsflüsse und Feedback-Schleifen

Wenn wir die Grundparameter des Systems erkennen, gilt zu beobachten: Wie fließen Informationen, welche Feedback-Schleifen sind wirksam? Das bedeutet: Wann und woran erkennt A, dass B etwas macht? Und wann und woran erkennt A, dass B erkannt hat, dass A etwas gemacht hat? Wie sind die Informationsstrukturen aufgebaut? Bleiben wir beim Verkehr: Woher wissen Sie, dass ein entgegenkommender E-Scooter abbiegen will, und wie kann dieser sicher sein, dass Sie diese Information erhalten haben. Solcherlei Informationsflüsse laufen unentwegt und wiederholen sich. In komplexen Systemen ist die Meta-Kommunikation eine der wichtigsten Aufgaben. Also: Drüber reden, wie wir drüber reden! Geteiltes Wissen entsteht.

Zeichnen Sie Linien mit Pfeilen zwischen den Variablen. Diese stellen Informationsflüsse dar.

Sprache bringt Welt hervor

In jedem sozialen System wird mittels Sprache Information verbreitet. Welche Worte werden verwendet? Welche Sprache ist im Alltag eines Systems eingebaut? In einem leistungsorientierten System weiß jeder, was

KPI sind. In der Kirche sehr wahrscheinlich nicht. Was ist die Sprache in einem System? Diese gibt eindeutige Hinweise auf die Wirklichkeitskonstruktion, die in dem System herrscht. Die Beobachtung der Sprache gibt uns deutliche Hinweise.

Oftmals beobachte ich Teams, wie sie gemeinsam über die Zukunft sprechen. Wenn in einem solchen Dialog permanent von »wir müssten mal …« gesprochen wird, ist das ein starkes Signal. Es gibt ganz offensichtlich keine Grundlage für Zukunft. Es herrscht wahrscheinlich eine große Verunsicherung. Denn wenn wir »mal müssten«, tun wir nichts. Das hat Gründe. Sprache offenbart Wirklichkeiten. Schreiben Sie innerhalb des Kreises Worte auf, um die es sich in dem System immer wieder dreht.

Lernen Sie Komplexität zu lieben

In Systemen herrscht Komplexität. Das bedeutet für uns, ständig in der Position des Schülers zu bleiben. Systeme werden uns immer wieder überraschen – wie die Zukunft generell. Daher ist es ratsam, nicht in eine Haltung des Wissenden zu gehen. Schüler sind Beobachter, sie wollen lernen. Bleiben Sie offen und distanziert leidenschaftlich. Denken Sie in Zusammenhängen und Wirkungsweisen. Für Ihre Zeichnung bedeutet das: Verändern Sie diese, wann immer Sie merken, dass sich was tut.

Die Skizze vor Ihnen ist das Resultat Ihrer Beobachtung. Sie haben ein systemisches Bild gezeichnet. Dies stellt Bedingungen dar, die Sie nicht ignorieren können. Und es stellt das Modell dar, das Sie von diesem spezifischen System ohnehin im Kopf hatten. Unbewusst haben Sie schon immer damit gearbeitet. Aber wie beim Röntgen haben Sie dieses Wissen sichtbar gemacht.

In der fortgeschrittenen Variante können Sie dieses Bild dann auch noch mit Bildern von anderen Systemen in Verbindung bringen: Schnittstellen und Informationsbrücken werden deutlich. Ihre Familie, eine andere Familie. Der Verkehr in Bezug zur Wirtschaft usw. Aber alles mit Ruhe.

Denken in Systemen bedeutet in holistischen Kontexten zu denken. Es geht eben nicht um einzelne Ereignisse. Es geht um Beziehungen, Dynamiken und Wirksamkeiten. Zusammenhänge. Zu dem Zweck zeichnen wir größere Bilder. Und wir fragen uns: Was sind die Variablen, die wirksam sind? Wie erzeugt das System ein Wissen über sich selbst? Hier noch ein Beispiel:

VOR FRISCHER TAT ERTAPPT

Seit einigen Jahren setzt die Polizei weltweit Software ein, die unter dem Sammelbegriff »Predictive Policing« zusammengefasst ist. Was sich dahinter verbirgt: eine künstliche Intelligenz und viele Daten. Es geht um Personendaten und Kriminalstatistiken, die ausgewertet werden, um Gefährdungen zu erkennen, bevor etwas passiert.

Das System, das wir hierfür beobachten: Kriminalität in einer Stadt. Die Variablen, ein Auszug: Die Stadt als urbaner Raum mit all seinen Stadtteilen, Menschen mit kriminellen Absichten, potenzielle Opfer, Polizisten, Daten inklusive ihrer Modelle. Zusätzlich die Software, die zum Einsatz kommt, Medien, die darüber berichten. All diese Variablen hängen zusammen und bedingen sich in dem System. Die Stadt und ihr urbaner Raum ist eine stabile Variable. Daten sind die dynamischsten Variablen. Aber auch die Analyse-Software selbst ist eine entscheidende Variable in dem Spiel. Denn die Algorithmen und Interpretationen führen zu direkten Handlungen der Polizei. Also ist auch die Software nicht ein externer Bestandteil: Sie wird zum Teil des Systems »Kriminalität in der Stadt«.

In Chicago hat man seit vielen Jahren ein solches Predictive-Policing-System im Einsatz. Teil des Systems ist eine sogenannte »Strategic Subject List« – also eine Liste potenzieller Krimineller. 2017 waren in der Liste rund 1400 Hochrisikopersonen markiert. Dafür wurden 400.000 Menschen grundsätzlich in der Datenbank erfasst und mittels Risikowerten eingestuft. Bitte erinnern Sie sich kurz an die Geschichte mit Frau Ha und ihrem Gentest. Wir wissen: Datenbanken und Prognosemodelle irren sich. Das ist ihr Wesen. Auch für Chicago gilt dies.

Durch die Prognosen der Software werden diese Hochrisikopersonen vermehrt beobachtet. Dies führt auch dazu, dass gewisse Viertel als kriminelle Hotspots bezeichnet werden. In der Risikoliste findet man überproportional junge schwarze Männer. Als Ergebnis patrouilliert die Polizei in diesen Gegenden deutlich häufiger. Vorurteile und Diskriminierungen werden geschürt. Die Dynamik im System sowie die Informationsströme werden durch den Einsatz der Software verändert. Es führt zu mehr Unruhe und öffentlichem Ärgernis. Die Medien berichten über diese Art der Vor-Überwachung – was den Unmut der schwarzen Bevölkerung schürt. Hier hat die Prognose die Zukunft geändert.

Seit die Software eingeführt wurde, ist die Kriminalität in Chicago gestiegen. Die Prognosesysteme haben ihren Job gemacht: Prognosen sind Hinweise, aber das gesamte System war mit diesen Prognosen überfordert. Polizisten nutzen diese Listen bis heute vermehrt in der Tätersuche nach Delikten. Wie die Prognosen wirklich zu lesen sind, ist vielen im System schleierhaft: Es fehlen Ausbildungen und Trainings. Die Meta-Kommunikation wurde nicht ausführlich berücksichtigt. Und die Software an sich ist zwar als Künstliche Intelligenz eine lernende Software. Aber KI lernt nicht, wie es sein Lernen verändern kann. Diese Feedback Loops gibt es nicht. Daher obliegt es den Menschen, im System dieses Lernen zu erzeugen. In Chicago hat man dabei versagt.

Systeme sind komplex. Einfache Maßnahmen, selbst wenn sie mittels KI ausgestattet sind, führen nicht zu einfachen Ergebnissen. Wenn wir das verwechseln, wird alles nur komplizierter. Wenn Sie also sagen: ich bin Zukunft, sind Sie gleichermaßen auch immer in Systemen. Ich kann Ihnen nur raten: Lernen Sie diese Systeme ausführlich zu beobachten. Benennen Sie das System, erkennen Sie Grenzen und Unterschiede. Definieren Sie die Variablen des Systems und beobachten dabei die Dynamiken. Lernen Sie die Meta-Informationen zu lesen: Welche Informationen fließen wohin, wie wird die Information verarbeitet, gibt es Rückkoppelungen?

Oft hilft es, wenn Sie die vorhin beschriebene Skizze des Systems machen: in einfachen Kästchen, Kreisen und Linien. Damit verschaffen Sie sich einen Überblick. Fügen Sie der Skizze die Begriffe bei, die in Systemen gehäuft verwendet werden. Diese stehen für Codes und Signale eines

Systems an sich selbst. Daran erkennen Sie Ausschnitte einer latenten Wirklichkeit, die dem System innewohnt.

WELTBILDER, EIN EXKURS IN UNIVERSELLE WIRKLICHKEITEN

Die Welt ist keine Scheibe. Obwohl – sind wir uns da sicher? Gerade erfasst das »Flat Earth Movement« von Amerika aus die Welt. Immer mehr Menschen schließen sich der Bewegung an. Dass die Welt eine Kugel ist, sei die »größte Lüge der Weltheitsgeschichte«, so die Aussagen aus der Bewegung. So weit wir das heute wissen können, herrschte vor allem im Altertum die Idee der flachen Erde vor. In der Zeit ab etwa 600 Jahren vor Christus vernahm man deutliche Aussagen, dass die Welt eine Kugel sei. Pythagoras – aber auch später Platon und Aristoteles – verwiesen darauf, dass die Erde eine Kugelgestalt habe.

Dennoch gab es lange Zweifel. Viele Gelehrte vor und nach Christi fanden gute Argumente dagegen. So zum Beispiel, dass – wäre die Welt eine Kugel – die Menschen auf der Unterseite auf dem Kopf stehen würden und Regen von unten nach oben fallen müsste. Das leuchtet ein. Ähnlich wie es heute gute Argumente gegen eine Erderwärmung gibt.

Im Mittelalter war das Kugel-Bild der Erde bereits allgemeine Lehrmeinung. Die Scheibe war noch immer Teil der Diskurse – als Bild, das nicht mehr stimmt. Doch der Globus war etabliert. Zu dieser Zeit allerdings noch nicht der Globus, wie wir ihn kennen: Die Erde war als Mittelpunkt des Universums gedacht. Sie war das Zentrum von allem. Der Himmel war die mystische Umrahmung. Viel Platz für Weltdeutung. Die wenigsten Menschen konnten lesen und schreiben. Wer es konnte, hatte die Wahrheit auf seiner Seite. Die göttliche Grunderzählung brauchte Erde und Himmel.

Ab dem 15. Jahrhundert wurde der Globus auch als physische Form verbreitet. Er kam jedoch nie als Erd-Globus alleine. Es waren immer zwei Kugeln: Eine stellte die Erde dar, eine den Himmel. Der Himmelsglobus stellt die dramaturgische Idee dar, dass die Erde im Mittelpunkt steht. Der

Himmel spannt sich herum. Die Kuppeln vieler Kirchen und herrschaftlicher Gebäude sind Abbilder dieser dualen Globen-Vorstellung.

Ab dem 19. Jahrhundert verlor der Himmelsglobus seine Wirkung. Globen wurden nur mehr als Erdgloben produziert. Die Rationalisierung der Welt, die Wissenschaften mit ihrem Fokus auf Naturvermessung; die technologischen Fortschritte und das mechanische Bild der Welt. All das hat der Bedeutung des Himmelsglobus den Rang abgelaufen. Was blieb, ist die Erde als Globus. Nüchtern, mechanisch und schön.

Diese Symbole von Welt sind für das, was wir Weltbild nennen, gravierender, als man das ahnt. Sie prägen unsere Art des Denkens. Weltbilder sind immer auch Vorstellungen von Grenzen. So ist die Scheibe mit der Himmelsglocke eine klare Grenze des Denkens. Wie auch die Kugel, um die sich ein Himmel spannt. Dies deutet auf Dimensionen hin, zu welchen sich die Religionen als Deutungsmacht und Übersetzer breitgemacht haben.

Im 20. Jahrhundert schob sich nun ein neues Verständnis von Grenzen in den Wettbewerb um das dominierende Weltbild: die Auflösung ins Unsichtbare. In der Quantenphysik etabliert sich die Einsicht, dass die Welt aus Feldern besteht – mal Teilchen, mal Welle –, je nachdem, wer zuschaut. Die Ökonomen beginnen sich mit Zyklen und Wellen zu beschäftigen. Im Weltdeutungsgeschäft immer noch populär: die Zyklen des 1938 verstorbenen Nikolai Kondratjew. Dynamiken, die wie von Geisterhand die Durchsetzung großer Innovationen ermöglichen. Auch Schumpeter bezieht sich später auf diese Zyklen.

Die Verbreitung der Telegrafie, die Errungenschaften der Chemie und später die Kybernetik und die Entwicklung des Computers: In all diesen Strömungen torpedieren wir unsere standhaften Bilder der Welt. Die mechanische Idee wankt. Vielmehr geht es um unsichtbare Zusammenhänge. Diese wurden deutlicher. In den Griff bekommen haben wir das aber noch nicht: Je mehr wir wissen, desto mehr erkennen wir, was wir alles nicht wissen. Die Globalisierung, das exponentielle Wachstum der Weltbewohner, die enorme Fokussierung auf unkontrollierbare Geldströme. Alles Welt-Bild-Zerstörer. Wir betraten das 21. Jahrhundert mit jeder Menge Information – jedoch ohne klares Bild der Welt.

Wir sind auf der Suche nach neuen Bildern. Diese Suche ist nicht einfach. Weltbilder haben die Funktion, uns eine Orientierung zu geben. Aber woran sich orientieren, wenn die Tendenz in der Auflösung des Physischen liegt? Die Philosophen Gilles Deleuze und Felix Guattari haben in ihrem Werk »Tausend Plateaus« das Bild des Rhizoms eingeführt. Ursprünglich ist das Rhizom ein Wurzelgeflecht, das sich unter der Erde entwickelt. Es fabriziert Knollen, Abzweigungen, Verdichtungen. Die beiden Franzosen haben dieses Bild als Welterklärung eingeführt. Sie gehen in ihrem Denken davon aus, dass alles in vernetzten Verhältnissen steht. Verdichtungen im Rhizom sind dann unter anderem Plateaus. Mit ihrer philosophisch-psychologischen Beschreibung haben sie über weite Teile vorweggenommen, was wir heute als Internet kennen. Das Rhizom hat sich in Insiderkreisen und Deleuze-Guattari-Fans durchgesetzt. Als generelles Weltbild für unser Jahrtausend greift es noch nicht. Aber wer weiß.

Um die 2000er-Jahre hat Peter Sloterdijk in seiner Sphären-Trilogie ein weiteres Bild eingeführt. In einer epischen Herleitung führt er den geduldigen Leser schließlich zum Bild des Schaumes. In diesem sieht der Philosoph die Metapher für die Welt. Schaum ist räumlich, fluid, fragil und dennoch in sich verbunden. Schaum ist auch so leicht, dass er der Gravitation zumindest phasenweise trotzen kann. Und somit diene die »Welt als Schaum« als Fortsetzung der Scheibe, der zwei Globen, der materialistischen Erdkugel ...

Rhizom und Schaum konnten sich nicht durchsetzen: Was sich in der Tat als Bild verbreitet hat, ist die Gestalt des Netzwerks. Durch die Technologie in unser Leben gespült, erscheint uns die Erklärung schlüssig: Alles ist mit allem vernetzt. Wir sind demnach ein Netzwerk. Bald auch ein Internet der Dinge, ein Internet der Menschen. Das Problem jedoch mit dem Netzwerk Bild ist die Tatsache, dass es kein Bild ist. Überlegen Sie einmal: Was ist ein Netzwerk? Welche Bilder tauchen in Ihnen auf? Mehr oder weniger technisch gezeichnete Linien und Knotenpunkte. Je nachdem, wie sehr Sie sich schon mit Fragen des Netzwerks beschäftigen, sind diese Bilder komplexer oder eben ganz simpel. Jedenfalls sind sie nie lebendig. Ihnen fehlt Vitalität und Raum. Kurzum: Wir können uns Netzwerke nicht vorstellen. Vor-Stellen. Das Rhizom kann man sich vorstellen. Ein Ingwer ist ein Rhizom. Das geht. Wir können uns auch den Schaum vorstellen: Schon mal mit Schaum gebadet? Aber Netzwerke?

In einer Welt voller Bilder sind wir bildlos, uns fehlt im Universellen die Idee. Unsere Unternehmensorganisationen wanken zwischen Zentralismus (der Erd-Globus im Himmels-Globus), Rationalismus im Sinne der Industrialisierung (der eine Erd-Globus) und den neuen Bildern des Netzwerks. So richtig mag sich noch kein Bild durchsetzen. Auch unsere Gesellschaften tun sich schwer, so bilderlos. Der Brexit zeigt deutlich, dass im Zurück eine Chance liegt. Wer den Staat zum Zentrum der Welt macht, hat die Rechnung ohne die Welt gemacht. Und so ist im Moment der Weg holprig, weil Orientierungsbilder fehlen. Wer sich selbst zur Zukunft macht, ist ein vitaler Knotenpunkt im Netzwerk der Welt; ein interessantes Plateau im Rhizom der Weltbewohner; jedenfalls eine agile Schaumkrone in der Schaumlandschaft des 21. Jahrhunderts. Die Frage ist: Welches Weltbild nutzen Sie? Welche Weltbeziehung gehen Sie ein? Oder anders gesagt: Wie sind Sie diese Zukunft, die Sie sind?

ZUKUNFT BRAUCHT ZEIT

Nehmen Sie sich Zeit. Zukunft braucht Zeit. Sie braucht das Zeitlose als Blickpunkt. Sie braucht die Möglichkeit der Entfaltung. Was spontan erscheint, ist meist mit jahrelanger Vorbereitung verbunden. Wer sich zur Zukunft macht, ändert nicht von heute auf morgen sein Leben. Manchmal passiert dies. Dann erleben Sie eine Sternstunde Ihrer Zukunft. Dann haben Sie das Momentum für sich genutzt und die Zeit eliminiert. Ein andermal säen Sie Samen und lassen sich die Zeit, damit die Welt sich entfalten kann. Der Blick in die Systeme, die Sie umgeben, kann lohnend sein. In ihnen steckt viel Zeit. Je komplexer, vernetzter und abhängiger Systeme sind, desto mehr Zeit binden sie. Ist Ihre Zukunft die der Rettung der Weltmeere, sollten Sie geduldig sein. Ist Ihre Zukunft die Besteigung eines Achttausenders, sollten Sie Zeit investieren. Und auf dem Weg geschehen Sternstunden. Sie erleben sich, die Welt, das Universum in einer Dimension wie nie zuvor. Und dafür braucht es keine Zeit. Dann blicken Sie in die Ewigkeit.

Zukunft wird nicht immer schneller. Zukunft hat auch nichts mit künstlicher Intelligenz zu tun. Und auch nichts mit Robotern. Roboter brauchen keine Zukunft. Wie auch – sie denken nicht darüber nach. Sie folgen Codes und Algorithmen, die wir Menschen für sie vorgesehen haben. Sie lernen in den Bahnen, die sich daraus ergeben. Diese soge-nannten Intelligenzen haben überhaupt keine Vorstellung. Ihnen fehlt die Imagination. Ihnen fehlt, was uns Menschen menschlich macht. Macht uns das besser? Das würde ich nicht sagen. Es macht uns zu dem, was wir sind. Manchmal wünschte ich mir, gewisse Menschen hätten keine Vor-stellungskraft. Auch destruktive Energien entwickeln sich aus der grund-sätzlichen Fähigkeit, sich Zukunft vorzustellen.

In den Kräften der Zerstörung gelten dieselben Abläufe: die eigene Imagination von Zukunft, das Erleben in der eigenen Entwicklungsdyna-mik, und letztlich: das Erkennen von Systemen. Dazu ein Exempel: Kaum jemand kennt das System »Europäische Gesellschaft« so gut wie Terroris-ten. Sie haben sehr gut verstanden, wo unsere Verletzlichkeit liegt: im Alltag. Wenn das, was alltäglich ist, nicht mehr sicher scheint, ist die Gesellschaft in Gefahr, daher sind die Angriffe verhältnismäßig klein – aber wuchtig in der Wirkung. Die Kenntnis über das System »westliche Gesellschaft« ist enorm. Man glaubt fast, so mancher IS-Planer kennt uns besser als wir uns selbst.

Lassen Sie sich die Zeit, die Sie mit Zukunft brauchen. Das Sichten von Zusammenhängen und systemischen Wirkungen ist essenziell. Wie das Prüfen der eigenen Bilder von Welt. Uns bleibt keine andere Wahl. Wir haben keinen Zugang zur wirklichen Wirklichkeit. Wie also interpretieren Sie Welt? Leben Sie auf einer Kugel oder im Schaum? Ist es der Schaum, so sind Sie von vielen Entwicklungen nicht mehr überrascht. Denken wir an die »Drone Champions League«. Im Juni 2017 finden sich auf der Champs-Élysées in Paris 150.000 Menschen ein. Was fand dort statt: Die Saisoneröffnung der Champions League des Drohnenfliegens. Mit Qua-drocoptern fliegen Teams auf einem fix installierten Kurs gegeneinander.

Diese Teams sind teilweise Werksteams, wie man das aus diversen Sportarten kennt. Zum Teil sind die Teams aber auch aus den Massen akquiriert. Wie? Indem die besten aus den Onlinegames für den echten Drohnenflug nominiert werden.

Von der Couch bis zum Millionenpublikum in wenigen Wochen. Dieses Projekt zeigt, wie der Schaum funktioniert: Die Vermischung aus Technologie und echtem Erleben müssen wir unserer neuen Realität zuschreiben. Es ist eine real-digitale (schaumige) Welt. Diese Welt läuft nicht mehr nach den Globus-Mustern. Es ist »denken in labilen Strömungen«. Es ist der systemische Blick auf die Welt. Daraus ergeben sich ungewohnte und ungeahnte Realitätskonstruktionen.

Im Moment sieht es so aus, als müssten wir noch länger in einer bilderlosen Transformation leben. Der Ruf vieler Politiker nach »echten Visionen« hilft da auch nicht. Nehmen wir es an der Stelle so gelassen wie möglich. Die Welt ist auch nur ein Kontext unseres Lebens. Nicht weniger, aber auch nicht mehr!

WHITAKER WORKS

Einige abschließende Gedanken sollen Ihnen wieder als Griffe für eigene Überlegungen dienen. Wenn Sie sich auf eine »Ich-bin-Zukunft«-Vorstellung einlassen, sind Systeme der nächste Schritt. In der Wirksamkeit von Systemen erkennen Sie Ihre eigene Wirksamkeit. Nehmen Sie sich heraus, was für Sie funktioniert. Auf der Ebene des Systemdenkens und der Weltbilder gibt es gar kein richtig und falsch mehr. Was auch immer für Ihre Zukunft funktioniert, ist gut.

- *Entdecken Sie Richtungssinn und lassen Sie Ziele hinter sich.*
- *Erkunden Sie die für Ihre Zukunft wichtigsten Systeme.*
- *Beobachten Sie soziale Systeme als Basis des Alltags.*
- *Lernen Sie mit Unterschiedlichem zugleich klarzukommen.*
- *Achten Sie auf Ihre Ignoranz.*
- *Arbeiten Sie mit Einmalerfindungen. Sie sind universell.*
- *Seien Sie wachsam, welche digitalen Services Ihr Bewusstsein speisen.*
- *Finden Sie ein Weltbild, mit dem Sie arbeiten können.*
- *Nehmen Sie sich viel Zeit für Zukunft.*

0 / 1 / 2 / 3 / 4 / **5 |**

ZUKUNFT NEU DENKEN –
ZUKUNFT FÜR
FORTGESCHRITTENE

ALF: »Ignoranz ist keine Entschuldigung.«
Kate: »Ignoranz ist deine Entschuldigung, die ganze Zeit.«
ALF: »Ich weiß nicht, wovon du sprichst.«

Stellen Sie sich vor, ein Alien landet in Ihrem Garten. Er weiß nicht, was Zukunft ist. Er hat davon noch nie gehört. Aber er lernt schnell und hat bemerkt, wie wichtig Ihnen Zukunft ist. Ihm sind Katzen wichtiger, die frisst er gerne. Aber das ist eine andere Geschichte. Sie beschließen sofort, von dem Alien zu berichten. Sie machen Videos und posten diese. Schnell stehen Reporter vor Ihrer Tür und wollen die Sensation selbst sehen. Dem Alien ist das zu anstrengend, er macht sich schon wieder auf den Weg. Flugs hat er die Erde verlassen. Sie bleiben irritiert zurück. Haben Sie das wirklich erlebt oder nur geträumt? Kann es Aliens geben und werden wir als Menschen jemals auf andere Planeten reisen? Ohne zu wissen, was Zukunft ist, hat der Alien Ihre Zukunft geändert.

Vielleicht könnten Sie andere davon überzeugen und Milliarden aufbringen. Die Raumfahrt hätte neue Ziele. Oder: Im Schaum des real-digitalen Alltags ist es gar nicht so sicher, ob andere den Alien anerkennen. Wer würde Ihnen wirklich glauben. Kein Video dieser Welt kann die Welt davon überzeugen, dass es ein echter Alien war. Wir bekommen die Unterscheidung zwischen echt und unecht kaum noch hin – was ist schon wahr, was tatsächlich geschehen und was nicht? Und so würde es vielleicht sogar Jahrzehnte brauchen, bis es durchsickert, dass dieses Ereignis tatsächlich stattgefunden hat. Oder es würde auch nie geschehen. Um an die Zukunft zu glauben, brauchen wir keine Aliens. Es ist aber ratsam, ein neues Denken über die Zukunft zu entfalten.

HYPEROBJECTS: AUSSERHALB DER ZUKUNFT DENKEN

Seit Jahrzehnten ist das Zukunftsdenken geprägt durch Trends oder auch Megatrends: dynamische Prozesse des Wandels, die unser Leben langfristig formen. Für die Zukunft der Zukunft scheint es, als würden wir neue

Theoriegebilde brauchen. Das Denken in Systemen ist eine wesentliche Grundlage. Keine Frage. Aber gibt es eine Zukunft darüber hinaus? Oder anders gesagt: Gibt es vielleicht sogar ein Ende der Zukunft? Die Theorie der Hyperobjects eröffnen nun eine radikal andere Art, die Zukunft zu beobachten.

Stellen Sie sich einen Gletscher vor, der schmilzt. Selbst wenn Sie die letzten dreißig Jahre jeden Tag auf dem Gletscher verbracht hätten: Sie könnten zwar das Verschwinden der Schneemassen erkennen, nicht aber den gesamten Kontext – den Beginn der Industrialisierung, das enorme Bevölkerungswachstum, die gigantische Zunahme des Verkehrs, den Verbrauch fossiler Brennstoffe, die minimierte Artenvielfalt von Tieren, die fehlende Aufmerksamkeit der Menschen für den Gletscher. Für das Verschwinden der Gletscher sind aber all diese Elemente – und noch viele mehr – mitverantwortlich. Es handelt sich um eine komplexe Verkettung von Wirkungsweisen: Wie eine gigantische produktive Maschine bringt die globale Erwärmung den Gletscher zum Schmelzen. Gilles Deleuze und Félix Guattari haben in ihren Arbeiten immer wieder den Begriff der Maschine verwendet, um produktive Systeme zu beschreiben, inklusive aller dazu beitragenden Umstände und Elemente. So gehörte zum Bau der Pyramiden von Gizeh das Wasser des Nils, die Steigbügel der Pferde, der Papyrus der Pläne oder die Kleider, die die Arbeiter schützten. Nach Deleuze und Guattari sind »Maschinen« Prozesse und Wirkzusammenhänge, die jeweils eine spezifische und nachhaltige Form der Produktivität und des Outputs – des Produkts – erreichen, so wie die Pyramiden. Auch die Erderwärmung lässt sich als eine effektive Maschine betrachten, deren Spuren man an der Gletscherschmelze erkennt.

VOM PROZESS ZUM HYPEROBJECT

Sich diese Entwicklungen als »Maschinen« vorzustellen, ist nicht einfach. Um das zu tun, müssen wir unsere Imagination noch mehr strapazieren. Ein Versuch: Stellen Sie sich den Moment vor, in dem der erste Gedanke für eine Pyramide entstand, durch einen Pharao, seinen Architekten oder Wesir. Und nun stellen Sie sich die fertigen Pyramiden vor: Nehmen Sie die beiden Enden und halten sie fest. Zoomen Sie räumlich weit genug heraus, um sich alles, was dazwischen stattfand, gleichzeitig darzustellen – jeder kleinste Schritt, das Wasser des Nils, die Steigbügel, der Papyrus. Alles was jemals geschah, um diese Pyramiden zu bauen. Und das gleichzeitig. Irgendwann sieht man nur mehr Gewusel, bis wir nur mehr eingefrorene Bewegungen wahrnehmen – als Objekt, das alle beteiligten Menschen durchdringt, absorbiert und zu einem Teil davon macht. Wir sind gewissermaßen der Bau der Pyramiden, wir beobachten ihn nicht nur. Ungefähr so, wie Sie mit Ihrem Auto nicht nur im Stau stehen, sondern der Stau sind.

Wenn wir Zeit und Raum derart verschieben, dass wir die Verbindungen in konzentrierten Prozessen als ein Objekt wahrnehmen können, erkennen wir die massiven Auswirkungen dieser Vorgänge. Diese ungewohnte Betrachtung nennt der englische Philosoph Timothy Morton »Hyperobjects«: Phänomene, die uns auf eine unheimliche Art vertraut und fremd zugleich sind. So wie die Erderwärmung: Wir sind ein Teil von ihr, und dennoch ist sie uns fremd und fern.

WARUM DIE ZUKUNFT IN OBJEKTEN DENKEN?

Hyperobjects haben eine dramatische Eigenschaft: Dort, wo sie entstehen, ist der Wandel schon geschehen, bevor er vollzogen ist. Nehmen wir die Erderwärmung: Als Menschen können wir nur die Auswirkungen wahrnehmen und messen – den Schnee zur falschen Zeit, das Schmelzen der Gletscher, die höheren Wasserpegel, den Weinbau im hohen Norden. Irgendwann haben wir gelernt, diese Signale zusammenzudenken, und verstanden: Die Welt wird wärmer und wahrscheinlich haben wir damit zu tun. Aber wirklich ändern können wir es nicht mehr. Wir können Entwicklungen einleiten, die die Erwärmung verzögern, uns darauf vorbereiten, in einem anderen Klima zu leben. Aber was wir auch immer tun: Schnell, radikal oder effizient wird nichts davon sein.

Die Erderwärmung ist laut Morton das größte Hyperobject unserer Zeit. Es durchdringt uns, verändert uns, hat uns im Griff, ohne dass wir es je als Ganzes zu fassen bekommen. Und ohne dass wir es je für immer und radikal verändern könnten. Hyperobjects sind also effizient und produktiv wie gigantische, ferngesteuerte Maschinen. Sie haben sich festgezurrt auf diesem Planeten und in unserem Leben. Sobald sie sich zu etablieren begonnen haben, sind sie nicht mehr zu verhindern. Diese Eigenschaft verbindet sie mit den Trends. Doch im Gegensatz zu Trends sind Hyperobjects weniger Prozesse als Entitäten. Wir können sie nur akzeptieren und schauen, wie wir mit ihnen klarkommen.

HYPEROBJECTS HELFEN, ZUKUNFT ZU LESEN

Wie diese Dimension des Denkens helfen kann, menschliches Handeln zu verändern, zeigt das Beispiel Künstliche Intelligenz (KI). Im Sinne der Hyperobjects lässt sich auch KI als eigenständiges Objekt betrachten: Die Summe aller KIs dieser Welt – von Siri bis zur automatischen Fabrik, vom selbstfahrenden Fahrzeug bis zum KI-erzeugten Wetterbericht – wird uns im Alltag so prägen, dass wir nicht mehr ohne Algorithmen auskommen werden.

KI dringt in unsere Lebenswelten ein und verwandelt sie, Schritt für Schritt, von der Arbeit in der Fabrik bis zum Autofahren, vom Umgang mit Daten bis zur Rechtsberatung. Dabei ist es wichtig, nicht die einzelne Software zu mystifizieren: Nicht Alexa von Amazon wird die Welt verwandeln, sondern alle KIs gemeinsam. Das Hyperobject KI, das daraus entsteht, ist schon längst geboren: KI-Systeme verteilen sich unaufhaltsam in Raum und Zeit. Als Hyperobject ist KI determiniert, ihre Produktivität ist am Fortschritt des Eindringens in die menschliche Welt zu bemessen. Überall KI, überall Prognostik. Unsere Welt ist schon längst anders.

»Möge das Beste, was die menschliche Natur zu bieten hat, aufstehen, bitte.« So drückt Nick Bostrom in seinem Buch »Superintelligence« seine Hoffnung aus, denn: »Wir Menschen sind wie Kinder, die mit einer

Bombe spielen.« Nicht einmal ansatzweise würden wir verstehen, welche Technologien wir auf den Plan gerufen haben. Die Superintelligenz kann uns – so Bostrom – über die Zeit deutlich schlagen. In allem. Künstliche Intelligenz, wie wir sie kennen, ist erst der Anfang. Bei all den Warnungen müssen wir wieder zurück an den Anfang des Buches: Jede Warnung dieser Art ist eine Prognose. Diese sollten wir nicht mit der Zukunft verwechseln. Zukunftsaussagen wie diese sind nichts anderes als Prognosen von Individuen. Aber als Vor-Sicht verstanden können sie uns helfen zu erkennen, dass unser heutiges Denken nicht mehr ausreicht, um uns die Zukunft vorzustellen. Das Hyperobject KI wie auch der Klimawandel stellen uns vor die Aufgabe, dass wir uns selbst neu denken. Was ist zu tun? Das Denken in Hyperobjects ist ein Denken in einer neuen Dimension. Jede Zukunft ist im Hyperobject seiner Herkunft eingeschrieben. Und diese Objekte sind systemische Figuren: Sie wirken in Zusammenhängen und dynamischen Prozessen.

Erkennen wir die Technologie als Hyperobject, können wir nicht mehr so tun, als ginge sie uns nichts an. Gleichzeitig brauchen wir keine Angst haben. Angst ist kein guter Ratgeber in Sachen Zukunft. Bostrom schlägt vor, dass wir uns auf die Zukunft vorbereiten wie auf eine schwierige Prüfung. Mit ausreichend Zeit, klugen Inhalten und ausreichend Ernsthaftigkeit. Wenn wir langwierige Prozesse als Objekte denken, die uns durchdringen, wenden wir uns von banalen Hypes und prognostischem Wahnsinn ab. Dann nehmen wir die Weltentwicklung auf einer neuen Ebene wahr.

ZU THEORETISCH

Immer wieder wenn ich die Idee der Hyperobjects in den Dialog einführe, ernte ich folgende Aussage: »Das ist mir zu theoretisch.« Mir ist es das auch. Gleichermaßen folge ich einer Intuition, die ich über Jahre trainiert habe. Ich lese die Zukunft als System, ich erkenne die Variablen und habe für mich verstanden: Die Zukunft hat in einer prognostisch verseuchten Welt eine neue Funktion. Daher benötigt die Zukunft der Zukunft neue Denk- und Sichtweise. Auch wenn diese im Moment noch sperrig – theoretisch – klingen. So fängt nun mal alles an. Wir verlassen den gewohnten Denkraum und öffnen uns dem Möglichen.

Die Zukunft ist ein Möglichkeitsraum. Wenn wir ihn prognostisch zudecken, ersticken wir im Sud der eigenen Idealisierungen. Sie bestellen zum Beispiel irgendwo auf der Welt eine blaue Tasse. Ein Algorithmus hat diese Bestellung entdeckt. Es wurden Korrelationen zu Ihrem bisherigen Verhalten gefunden und folgende Prognose erstellt: Sie wollen eigentlich nach Brasilien reisen. Warum auch immer die Software das gesehen hat, sie schlägt es Ihnen vor. Man nennt das »Predictive Analytics«. Nun bekommen Sie vermehrt Angebote. Brasilien wäre super. Sie entscheiden sich: Ja, das mache ich. Ich fahre nach Brasilien. Wenige Wochen später finden Sie sich am Strand von Rio und denken sich: »Wie bin ich eigentlich hierhergekommen?« Die Antwort: Eine Software hat auf eine uns nicht nachvollziehbare Art Zusammenhänge erkannt. Diese wurden Ihnen als Werbung serviert, Sie sind dieser gefolgt. Nun ist die Frage: Was hat diese Software gemacht? Hat sie die Zukunft vorhergesehen?

Nein. Die Software hat die Zukunft gemacht. Sie hat Ihnen einen Vorschlag serviert, der sich aus Ihrer Vergangenheit heraus ergibt. Damit wurde Ihre Vorstellung der Zukunft verändert. Aufgrund dieser neuen Vorstellung von Zukunft haben Sie die Reise gebucht. Ohne diese Software wären Sie möglicherweise in Dänemark gelandet. Aber hey, Brasilien ist doch cool. Worum es geht, ist die Fähigkeit, Vorschläge als Prognosen zu deuten. Je mehr wir unsere Zukunft in die Hände des digitalen Vorschlagswesens geben, desto kleiner wird unser Möglichkeitsraum. Wir können uns dann kaum mehr etwas vorstellen, weil der Modus der Imagination durch Prognosen zugestopft und verkleistert wird.

ZUKUNFT IST ENDLICH

Die prognostische Vorschlags-Armada erzeugt den Eindruck von Sicherheit. Wir können vermeintliche Risiken vermeiden. Wenn die Software Brasilien vorschlägt, wird das schon passen! Die Systemforscherin

Elena Esposito sagt dazu: »Der Versuch, Risiken zu vermeiden, ist selbst riskant, während die Suche nach Sicherheit keineswegs sicher ist.« Wir erhalten keine Garantie, wenn wir uns in die Hände der Prognostik anderer begeben. Unsere Zukunft hängt vom Vermögen ab, mit dieser umgehen zu wollen. Daher die Setzung: Ich bin Zukunft. Dies hilft Ihnen nicht irgendeinem Algorithmus glauben zu müssen. Sie sind Ihre Zukunft. Mit Ihnen öffnet oder schließt sich ein Möglichkeitsraum. Ihre Zukunft ist mit Ihnen geboren und Sie wird mit Ihnen auch wieder sterben.

WAS BLEIBT VON DER ZUKUNFT?

Ein wirklich brauchbarer Begriff, um über die Zukunft nachzudenken, ist das Erbe. Nicht das Erbe, das Sie erhalten. Das Erbe, das Sie hinterlassen. Was bleibt von Ihrem Leben übrig, welche Zukunft hinterlassen Sie? Welche Vorstellungen der Welt sind mit Ihnen geboren und an andere übermittelt worden? Welche Ideen der Zukunft werden als Ihr Erbe in Ihrer Familie, in Ihrem Freundeskreis und vielleicht darüber hinaus bleiben? Das materielle Erbe ist das eine. Auch das ermöglicht Zukunft. Aber welches immaterielle Erbe geben Sie weiter? Welche Gedanken und Gefühle vermitteln Sie, welche Ideen können Ihre Erben erhalten? »Ich habe die Verantwortung für dieses Unternehmen von meinen Eltern erhalten. Und ich möchte es an meine Kinder weitergeben können. Das ist meine Motivation. Jeden Tag.« Dies sagte mir ein Unternehmer, der einen Konzern geerbt hat. Üblicherweise sind Konzerne auf kurzfristige Gewinne aus. Nicht in diesem Fall: Jede Entscheidung in diesem Konzern wird so getroffen, dass damit das Fundament für Generationen danach gefestigt wird. Durch den Klimawandel aktiviert gibt es immer mehr Unternehmen, die auf langfristiges Denken umschalten. Ein Beispiel: Der Zusammenschluss zum »Plan B« geht von Richard Branson aus, dem Gründer von Virgin. Die dort engagierten Unternehmen wollen die Kurzsichtigkeit im Denken abschaffen. Nachhaltig, weitsichtig will man handeln. Was bleibt, wenn ich gehe.

VERRÜCKT SEIN LOHNT SICH – PARADOXIE ALS KOMPETENZ

Inkonsistente Gedanken gleichzeitig zu denken ist für unser Gehirn unheimlich oder sogar unmöglich. Zum Beispiel: Wie kann Fleischkonsum und Veganismus gleichzeitig für einen Menschen wichtig sein? Wie können Teilchen und Welle ein und dasselbe sein? Die Zeit des Globus war eine Zeit der Klarheit. Das eine oder das andere. Heute hören wir oft, dass wir das eine und das andere zulassen sollen. Das wird zum neuen Paradigma.

Zugleich brauchen wir Entscheidungen, die jeweils eine eindeutige Setzung sind. Entscheidungen sind Weggabelungen. Damit normal und vernünftig umzugehen, ist kaum erträglich. Suchen wir nach den vernünftigen Argumenten, bleibt uns kein Trost. Es sind die verrückten Argumente, die sich mehr und mehr durchsetzen. Verrückt, weil die Basis jeglicher Zukunft ein bilderloses Netzwerk ist. In diesem sind wir manchmal Teilchen, manchmal Welle. Manchmal Knotenpunkt und manchmal Verbindungsstrang. Manchmal Chef und manchmal Lehrling. Wir erleben uns in einer polychronen Zeitrechnung, in der uns die Linie als Denkmodell nicht mehr weiterführt. Pläne, die eingehalten werden; Ziele, die verfolgt werden; Strukturen, die klar sind. Das alles hält die Zukunft schon heute nicht mehr bereit. Stattdessen: Schaum. Blasen und fluide Bewegungen. Fake News und Klima-Tatsachen, enttäuschende Ergebnisse und dennoch positive Wirkungen. In einer solchen Welt wird plötzlich auch Donald Trump zum Klimaaktivisten: Indem er derart ignorant ist, fördert er die Wut und aktiviert die Massen, die für das Klima kämpfen. Paradoxe Intervention nennt man das.

Die Zukunft ist nicht vernünftig. Sie ist nicht spielerisch leicht oder technologisch inspirativ, wie manche Trendforscher es glauben. Die Zukunft ist aber auch nicht berechenbar rational, wie viele Prognostiker das gerne hätten. Und in diesen unklaren Zukunftsbildern hat sich Europa in ein Retrotopia (Baumann) verwandelt; die Technologie drängt uns ungewollte Zukünfte auf: Ich nenne das Technotopia.

Da bleibt die Einsicht, dass Zukunft Vorstellung ist: Fantopia. Ein Ort unserer Fantasie. Unsere Vorstellung hat Primetime. Sie ist die Zukunft, die wir gestalten können. Sie ist die Weltkonstruktion, die wir entwickeln sollten. Das 21. Jahrhundert ist mit Bildern zugeschüttet. Aber das eine Bild fehlt. Somit ist Ihre Zukunft nicht mehr an ein Weltbild gebunden. Die Zukunft ist an Ihre Fähigkeit gebunden, sich eine Welt vorzustellen. Die Welt, wie sie ist. Und die Welt, wie sie sein könnte. Je mehr Sie sich in inkonsistenten Umfeldern wohlfühlen, desto mehr gelingt Ihnen Zukunft. Das klingt schräg, oder? Ist es auch.

WARUM WIR BESSER AUF DIE ZUKUNFT ACHTEN SOLLTEN

Für die Zukunft gilt sich einzugestehen, dass wir sie erzeugen. Wir können sie durch uns gestalten. Die Zukunft ist ein Raum der Möglichkeiten. Wir haben so viele Möglichkeiten wie noch nie zuvor. Und sind überfordert. Das Fehlen großer Leitbilder schürt Verunsicherung. Doch das ist noch kein Grund, sich aus der Zukunft zu verabschieden. Verunsicherung ist das Wesen von Zukunft. Wir haben viel Verunsicherung – somit haben wir auch viel Zukunft. Nun brauchen wir Qualitäten, um mit diesem Zuviel an Zukunft umgehen zu können. In den vorigen Kapiteln habe ich beschrieben, was jeder Mensch für sich tun kann: die Werkzeuge der Zukunftsproduktion zu erkennen – Prognosen und Potenziale. Die Konstruktion von Wirklichkeit zu erkennen, vor allem im Kontext real-digitaler Wirklichkeiten. Sich selbst zur Zukunft machen: Indem man das mentale Prinzip der Identifikation als Mechanismus für Zukunft nutzt. Ein Verständnis für techno-soziale Systeme und die Gabe, diese zu beobachten. Nicht zu vergessen die Endlichkeit des Lebens und der Zukunft. Nun haben wir noch gesehen, dass es gut ist, ein bisschen verrückt zu sein. Klarheit gibt es nur in Momenten, kaum mehr generell. Das fordert uns auf, in Paradoxien zu denken und Mehrdeutigkeit als Voraussetzung anzuerkennen.

DIE WICHTIGSTE SPRACHE DER WELT

Wenn wir Zukunft entfalten, tun wir das nie allein. Als Individuen konstruieren wir unsere Zukünfte subjektiv. Die Bilder, die uns umgeben, stammen aus dem Gespräch von Generationen. Wir sind eingebunden in Sprache und Rituale, die nicht durch unser Ego erzeugt werden. Was uns auffordert, die Konstruktion von Wirklichkeit als kollektive Dimension zu erkennen.

Verwenden wir heute Worte, so haben diese eine jahrtausendealte Tradition. Unsere Gegenwart ist das Produkt der Zukunft von Generationen und Generationen vor uns. Und so ist unsere Zukunft heute das Gegenwärtige von Generationen und Generationen nach uns. Wir sind eingewoben in einem Lauf der Geschichte. Wir sind als Individuen Teil von größeren Bewegungen: im Denken, im Fühlen und im Weltgestalten. Somit wird Ihre Zukunft – wie sie auch immer aussehen mag – auch einfließen in den Flow des großen Ganzen. Zukunft ist kein Spiel von Ego-Systemen – sondern ein Tanz in Öko-Systemen. Zukunft ist dyadisch. Keine Zukunft ist alleine. Somit brauchen wir Werkzeuge, die uns den Umschwung vom Denken in Ego-Systemen hin zum Gestalten von Öko-Systemen ermöglichen.

Damit will ich dieses Buch über die Welt schließen. Ich mach mir meine Welt. Wir machen uns unsere Welt. Was wir dafür brauchen:

Dialog

Die Individualisierung der Gesellschaft existiert, weil wir viele sind. In den Massen wollen wir als Individuum wahrgenommen werden. Das wollen alle. Würden Sie allein auf dem Planeten leben, Sie kämen nicht auf die Idee, anders sein zu wollen. Sie würden sich Beziehung wünschen. Die kleinste Form des Gemeinsamen ist die Dyade: die Zweiheit. Die Lebensrealität für viele ist die Einsamkeit. Dafür sind wir Menschen nicht gemacht. Wenn wir der Unsicherheit der Zukunft begegnen wollen, ist ein Werkzeug bedeutsam: der Dialog.

Unter Dialog verstehe ich nicht nur ein flüchtiges Gespräch oder gar eine Diskussion. In einer Diskussion wollen wir Standpunkte und

Meinungen einbringen und verteidigen. Ein Dialog lebt vom Zuhören und davon, dass wir selbst das Gehörte in uns reflektieren. Der Dialog braucht Zeit und soll und darf sich entfalten. Für den Dialog brauchen wir eine Sprache, die der Philosoph François Jullien die einzige Weltsprache nennt: die Übersetzung. Denn Dialog bedeutet zuzuhören; das Gehörte übersetzen in die eigene Denkwelt; nicht mit Argumenten, sondern mit Verständnis reagieren; das Gemeinsame und das Trennende entdecken; aus beidem eine gemeinsame neue Einsicht gewinnen. Darin liegt die Kraft. Zukunft braucht Dialoge.

Resonanz

Folgen wir der Idee von Hartmut Rosa, so meint Resonanz eine Art von emotionaler Betroffenheit bei gleichzeitiger Selbstwirksamkeit. Wir sind in Emotionswelten eingebettet und reagieren emotional auf Wandel. Handeln wir im Affekt, sind wir emotional ergriffen, aber nicht selbstwirksam. Wir sind Opfer unserer Emotionen. Handeln im Affekt verstärkt die Ohnmacht, die viele Menschen zurzeit in Bezug auf ihre Zukunft empfinden. Handeln in Resonanz meint die Anerkennung der eigenen Emotionen und der gegebenen Situation. Agieren wir in Resonanz, so sind wir selbst wirksam. Wir sind dann ganz bei uns. Dies erzeugt Achtsamkeit und Vorsicht im besten Sinne.

Krise

Das Unbekannte liegt uns als Gemeinschaft nicht. Die Zukunft aber ist unbekannt. Sie verbirgt sich in den Möglichkeitsräumen. Im Erkennen unserer Weltkonstruktionen lernen wir Zukunft zu deuten. Gleichermaßen gilt es als Gemeinschaften zukunftsfähig zu bleiben. Dafür müssen wir die Krise als alltägliche Option einberechnen. Der gekonnte Umgang mit Krisen zeigt uns die Zukunft, die wir als Gemeinschaft haben. Können wir Krisen als Normalfall integrieren, gelingt die Zukunft. Verschafft uns jede Krise eine schier unlösbare Herausforderung, entfernen wir uns von der Zukunft.

Allianzen

Wir bringen Zukunft hervor. Um sie zu bewältigen, brauchen wir Allianzen. Gemeinschaften der Zukunft. Die subtilen Tendenzen unserer Gesellschaft sind die Co-Entwicklungen: Co-Living, Co-Working, Co-Creating. In den Allianzen und neu erlebten Gemeinschaften steckt die Kraft. Europa hätte diese Kraft in ihrer DNA angelegt. Aber:»Die Europäische Union leidet an einem gefährlichen Fall von Nostalgie. Die Sehnsucht nach der ›guten alten Zeit‹ – vor dem vermeintlichen Eingriff der EU in die nationale Souveränität ihrer Mitgliedsländer – führt nicht nur zum Aufstieg nationalistischer Parteien, sondern auch dazu, dass die führenden Politiker ihre Versuche fortsetzen, den Problemen von heute mit den Lösungen von gestern beizukommen.« Dies stellt der ehemalige Generalsekretär der Nato, Javier Solana, im April 2016 fest. Seine systemische Analyse hat Substanz, wie wir wenige Jahre später festhalten können. Für Zukunft brauchen wir Allianzen. Jeder von uns.

Visionen

Es fehlt das große Weltbild, das uns in Ruhe einer Zukunft entgegenehen ließe. Daher ist Zukunft eine Frage der Identität geworden. Wir sind Zukunft. Daher gilt es, Bilder zu erzeugen, die uns führen können. Diese Bilder sind dann nicht universeller Natur. Und dennoch verbindend.

Für mich sind Visionen Zukunftsbilder, die wir entwerfen und konstruieren. Und die uns dann leiten sollen – als inneres Bild. Dieses können wir teilen. Wir involvieren uns als Gruppen und Gemeinschaften. Visionen sehen nichts voraus: Sie sind Konzentrate unserer inneren Zukunft. Und sie ermöglichen den Dialog.

Stille

Hypernervös ist unsere Welt. Paradox. Fragil. Und laut – ständig. In der Dauerbeschallung haben wir kaum die Chancen auf klare Gedanken. Ein Denken ohne Lärm erscheint nicht mehr möglich. Nicht umsonst sind die längst totgesagten Bibliotheken weltweit überlaufen und besucht wie nie zuvor. Sie sind einer der wenigen modernen Orte der zelebrierten Stille. Sonst ist es überall laut: Selbst zum Einschlafen verwenden immer mehr Menschen Sound (per App), nicht Stille. Konferenzen müssen Partys werden und zum Netzwerken anregen – also geschäftiges Reden statt kultiviertes Schweigen. Unsere Zukunft erleben wir aber in der Stille. Dort erkennen wir die Sternstunden unserer Zukunft. Nicht im Lärm. Machen Sie Stille zur Kultur. Schaffen Sie sich Zeiten und Orte des Nichts. Dort finden Sie Ihre Zukunft. Lernen Sie sich auf das »Ich bin Zukunft« einzulassen. Wir wissen es schon lange: In der Stille zeigt sich Zukunft am deutlichsten.

ZUM WEITERLESEN

Baecker, Dirk. *Studien zur nächsten Gesellschaft.* Orig.-Ausg. 1. Aufl. [Nachdr.], Suhrkamp, 2011.

Bauman, Zygmunt. *Retrotopia.* Übersetzt von Frank Jakubzik, Erste Auflage, Sonderdruck, Deutsche Erstausgabe, Suhrkamp, 2017.

Ben-Ze'ev, Aaron. *Die Logik der Gefühle: Kritik der emotionalen Intelligenz.* Übersetzt von Friedrich Griese, 3. Auflage, Suhrkamp, 2018.

Bloomberg - *Are you a robot?* https://www.bloomberg.com/tosv2. html?vid=&uuid=15f0f9f0-4763-11ea-aa3c-49dccbc21172&url=L25ld3MvZ mVhdHVyZXMvMjAxOS0xMS0yNi8yM2FuZG1lLXZzLWNoaW5hLX-MtMjNtb2Zhbmcttcm1V2aWV3LXdoYXQtZG8tZG5hLXRlc3RzLXRlbGGwteW8=. Zugegriffen 4. Februar 2020.

Bohm, David, und Lee Nichol. *Der Dialog: Das offene Gespräch am Ende der Diskussionen.* 4. Aufl, Klett-Cotta, 2005.

Böhm, Maria M., und Angelus Silesius. *Angelus Silesius' Cherubinischer Wandersmann: A Modern Reading with Selected Translations.* P. Lang, 1997.

Bostrom, Nick. *Superintelligence: Paths, dangers, strategies.* First edition, Oxford University Press, 2014.

Bridle, James. *New dark age. Der Sieg der Technologie und das Ende der Zukunft.* C.H. Beck Verlag, 2019.

Carroll, Sean M. *Something deeply hidden: Quantum worlds and the emergence of spacetime.* Dutton, an imprint of Penguin Random House, 2019.

Cook, John, u. a. »*Quantifying the consensus on anthropogenic global warming in the scientific literature.*« Environmental Research Letters, Bd. 8, Nr. 2, Juni 2013, S. 024024. *DOI.org (Crossref)*, doi:10.1088/1748-9326/8/2/024024.

Deleuze, Gilles, u. a. *Tausend Plateaus.* Nachdr., Merve-Verl. 2007.

Bertelsmann-Stiftung. *Die Macht der Vergangenheit: Wie Nostalgie die öffentliche Meinung in Europa beeinflusst.* Bd. 2018, Bertelsmann-Stiftung, 2018.

Donald, John Brodie. *Catataxis: When more of the same is different.* Quarry Books, 2011.

Esposito, Elena. *Die Fiktion der wahrscheinlichen Realität.* Übersetzt von Nicole Reinhardt, 3. Auflage, Suhrkamp, 2014.

Flusser, Vilém, u. a. *Vom Stand der Dinge: Eine kleine Philosophie des Designs.* Steidl GmbH & Co., 2019.

Gatterer, Harry, u. a. *Die neue Achtsamkeit: Der Mindshift kommt*. Herausgegeben von Christian Schuldt und Nicole Brandes, Zukunftsinstitut GmbH, 2017.

Gatterer, Harry, und Gabriel Diakowski. *Workbook Vision: Das Praxisbuch für die Entwicklung Ihrer Unternehmensvision*. Zukunftsinstitut GmbH, 2019.

Gatterer, Harry, und Verena Muntschick. *Entwickeln: Perception Driven Innovation*. Zukunftsinstitut GmbH, 2017.

Gunderson, Lance H., und C. S. Holling, Herausgeber. *Panarchy: Understanding transformations in human and natural systems*. Island Press, 2002.

»Home«. *Crowtherlab*, https://www.crowtherlab.com/ Zugegriffen 3. Februar 2020.

Horx, Matthias, u. a. *Zukunftsreport 2019: Das Jahrbuch für gesellschaftliche Trends und Business-Innovationen*. Zukunftsinstitut GmbH, 2019.

Horx-Strathern, Oona. *Home Report 2020 – Zukunft des Wohnens und Bauens*. Zukunftsinstitut, 2019.

Hunfeld, Frauke, und Karsten Lemm. »Uns hat niemand ernst genommen.« *stern.de*, 19. September 2013, https://www.stern.de/wirtschaft/news/airbnb-gruender-blecharczyk--uns-hat-niemand-ernst-genommen--3902310.html.

Jullien, François. *Es gibt keine kulturelle Identität: Wir verteidigen die Ressourcen einer Kultur*. Übersetzt von Erwin Landrichter, Deutsche Erstausgabe, Suhrkamp, 2017.

K Oanh, Ha. *I took DNA Test in the U.S. and China. The Results Concern Me*. Bloomberg. 2019. Zugegriffen am 7. Februar 2020. https://www.bloomberg.com/tosv2.html?vid=&uuid=15f0f9f0-4763-11ea-aa3c-49dccbc21172&url=L25ld 3MvZmVhdHVyZXMvMjAxOSoxMSoyNi8yM2FuZG1lLXZzLWNoaW5hLX-MtMjNtb2Zhbmctcm82aWV3LXdoYXQtZG8tZG5hLXRlc3RzLXRlbGwtdeW8=

Laibacher, Ludwig. »*Die Kirche überlebt – als Sekte – Interview mit Dirk Baecker*«. stuttgarter-zeitung.de, https://www.stuttgarter-zeitung.de/inhalt.ludwigsburg-soziologe-die-kirche-ueberlebt-als-sekte.78f05678-a8b1-4a54-8c02-67cb604f16b0.html. Zugegriffen 4. Februar 2020.

Lotto, Beau. *Anders sehen: Die verblüffende Wissenschaft der Wahrnehmung: mit zahlreichen Selbsttests*. Übersetzt von Katja Hald und Jens Hagestedt, Deutsche Erstveröffentlichung, 2. Auflage, Goldmann, 2018.

Maturana, Humberto R., und Bernhard Pörksen. *Vom Sein zum Tun: Die Ursprünge der Biologie des Erkennens*. 3. Aufl., Carl Auer, 2014.

Meadows, Donella H., und Diana Wright. *Thinking in systems: a primer*. Chelsea Green Pub, 2008.

Morton, Timothy. *Hyperobjects: Philosophy and ecology after the end of the world*. University of Minnesota Press, 2013.

Nassehi, Armin. *Muster: Theorie der digitalen Gesellschaft.* C. H. Beck, 2019.

Newton, Isaac. *The Principia: Mathematical Principles of Natural Philosophy.* Übersetzt von I. Bernhard Cohen und Anne Miller Whitman, Second printing [with] added notes, University of California Press, 2016.

OECD (2017). *Health at a Glance 2017: OECD Indicators.* OECD Publishing, 2017.

Pachauri, Rajendra K., und Leo Meyer. *Klimaänderung 2014: Synthesebericht: Beitrag der Arbeitsgruppen I, II und III zum Fünften Sachstandsbericht des zwischenstaatlichen Ausschusses für Klimaänderungen (IPCC).* IPCC. Deutsche Übersetzung durch Deutsche IPCC-Koordinierungsstelle, Bonn, 2016.

Rosa, Hartmut. *Resonanz: Eine Soziologie der Weltbeziehung.* 1. Aufl, Suhrkamp, 2019.

Rosling, Hans, u. a. *Factfulness: Wie wir lernen, die Welt so zu sehen, wie sie wirklich ist.* 2019.

Seligman, Martin E. P., u. a. *Homo Prospectus.* Oxford University Press, 2016.

Seneca, Lucius Annaeus, und Marion Giebel. *Briefe an Lucilius.* Übersetzt von Heinz Gunermann u. a., Reclam, 2014.

Shimokawa, Gary. *You Ain't Nothin' But a Hound Dog.* Warner Bros. Domestic Television Distribution, 1986.

Sloterdijk, Peter. *Plurale Spärologie.* 1. Aufl, Suhrkamp, 2004.

Solana, Javier. *Europe's Dangerous Nostalgia.* Project-Syndicate.org. 2016. Zugegriffen am 7. Februar 2020 https://www.project-syndicate.org/commentary/nationalism-leaves-europeans-at-risk-by-javier-solana-2016-04?barrier=accesspaylog

SPIEGEL, DER. *Depressionen: USA lassen Nasenspray auf Ketamin-Basis zu –* DER SPIEGEL – Gesundheit. https://www.spiegel.de/gesundheit/diagnose/depressionen-usa-lassen-nasenspray-auf-ketamin-basis-zu-a-1256486.html. Zugegriffen 3. Februar 2020.

Zukunftsinstitut. *Megatrend-Dokumentation.* Zukunftsinstitut GmbH, 2018.

© Harald Eisenberger

Schon als Kind fragte sich Harry Gatterer, was denn wäre, wenn es die Sterne in der Nacht nicht gäbe. Eine unbändige Neugierde bestimmt sein Leben, so macht er sich schon als 20-Jähriger selbstständig, und beginnt 2005 als Trendforscher im Zukunftsinstitut zu arbeiten. 2010 gründet Harry Gatterer das Zukunftsinstitut Österreich in Wien, das er als Partner & Kollege des Trend- und Zukunftsforschers Matthias Horx leitet. Mit seiner Arbeit will er Menschen und Unternehmen für die Zukunft begeistern.

Thank you for reading!

Möchten Sie mit Harry Gatterer in Kontakt treten?
Wir freuen uns auf Austausch und Anregung unter
leserstimme@styriabooks.at

Inspirationen, Geschenkideen und gute Geschichten finden Sie auf
www.styriabooks.at

STYRIA
BUCHVERLAGE

© 2020 by Molden Verlag
in der Verlagsgruppe Styria GmbH & Co KG
Wien – Graz
Alle Rechte vorbehalten.
ISBN 978-3-222-15049-4

Bücher aus der Verlagsgruppe Styria gibt es
in jeder Buchhandlung und im Online-Shop
www.styriabooks.at

Projektleitung und Lektorat: Ulli Steinwender
Covergestaltung: Betti Sauter
Layout und Buchgestaltung: Burghard List
Druck und Bindung: Finidr
Printed in the EU
7 6 5 4 3 2 1

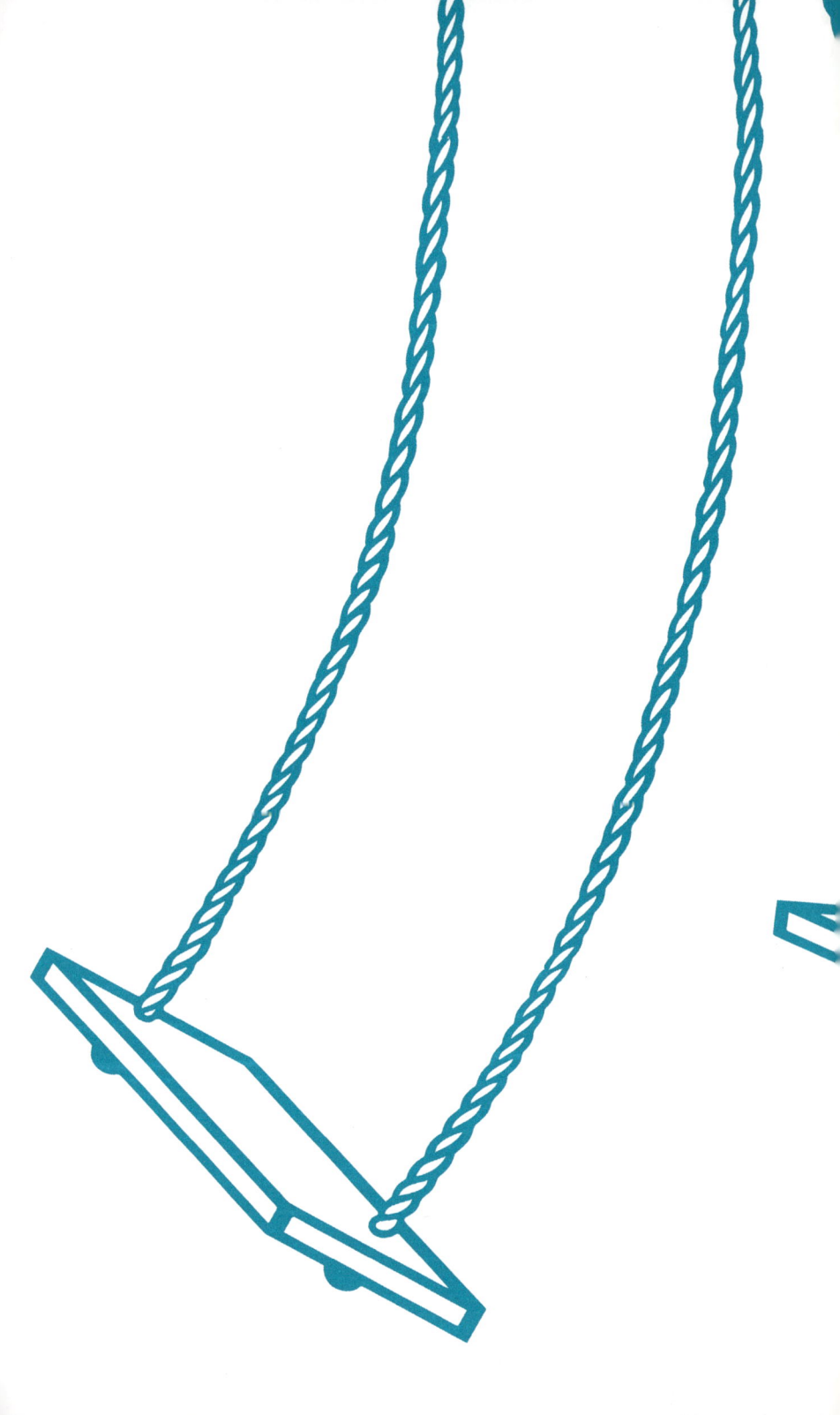